여기는 무지개집입니다

한 지붕
퀴어 대가족

여기는
무지개집
입니다

가족구성권연구소 기획·엮음

오월의봄

들어가며

나로서 살 수 있는 집을 찾아서

공기 중의 물방울이 만나 프리즘 효과가 발생하면 무지개가 나타난다. 단일해 보였던 것 안에 다양한 색깔의 스펙트럼이 펼쳐지면 우리는 아름다움을 느끼고, 새삼 다양성을 감각한다. 빨주노초파남보 7색으로 표현되는 무지개가 1970년대 서구 퀴어퍼레이드에서 6색 무지개로 사용되면서 성소수자의 상징으로 자리잡은 이후, 성소수자들에게 무지개는 무척 각별해졌다. 많은 성소수자는 거리에서 무지개를 마주칠 때마다 혹시라도 퀴어를 상징하는 것인지 궁금해하고, 퀴어도 포함하는 무지개인지를 질문해보기도 할 것이다(도시에서 발견되는 무지개 글자나 무늬를 모으는 인스타그램 계정도 있다). 6색 무지개가 성소수자의 상징이니, 7색 무지개는 더 넓은 다양성을 상징하는 걸까? 아니면 기존의 7색 무지개가 성소수자를 배제하는 상징으로 쓰였으니(개신교에서는 7색 무지개를 "하나님의 심판인 언약 무지개"라고 주장하기도 한다) 6색 무지개야말로 성소수자가 포함된 진짜 다양성의 의미일까? 무지개는 거리에서 상호명으로도 자주 만날 수 있다. 지도 앱에 '무지개'만 검색해도 수많은 옷가게, 호프집, 식당, 미용실 등이 쏟아진다. 주택 중에도 무지개 이름을 가진 곳이 꽤 있는데 빌라는 물론이고 대치동 은마아파트처럼 강남 개발을 상징하는 중요한 랜드마크인 '무지개아파트'라는 서울시 서초구의 꽤 유명한 대단지 아파트도 있다.

이제부터 이야기할 무지개는 서울시 마포구 망원동의 무지개집이다. 이곳에는 함께 집을 짓고 모여 살기 시작한 무지개집 주민들이 있다. 무지개집은 이곳에 성소수자가 존재하고 이웃으로 살고 있다는 것을 드러냄으로써 동네라는 작은 사회를 총천연색의 다양성으로 물들이려는 야심 찬 사회적 기획임과 동시에, 그저 평범한 주민으로 안전하게 살고 싶은 개인적 열망의 실현이기도 하다. 여기 무지개집은 성소수자들이 모여 산다는 것을 알린 유일한 집이자, 주택협동조합으로 지었다는 점에서 부동산 개발과 소유의 상징인 무지개아파트와는 대척점에 있는 집이다.

한국에서 퀴어타운을 꿈꾼 이들. 이들은 1년에 하루 광장에 자신을 드러내는 퀴어퍼레이드를 넘어 365일 내내 퀴어로 살 수 있는 집과 마을이 있다면 어떨지 생각했다. 나의 정체성과 친밀한 관계를 숨기지 않고 언제든 내가 원하는 이름으로 불리는 일상과 함께 동성애인과 손잡고 걸어도 안전한 거리가 있으면 좋겠다고 바라는 건 지극히 당연한 바람일 것이다. 관공서나 상점에서도 퀴어인 그대로 시민이자 소비자로서 자신을 드러낼 수 있고, 다양성이 꽃피는 마을을 만드는 데 주민으로 참여할 수 있기를 기대하는 것도 무리가 아니다. 이에 따라 이미 2010년부터 망원동을 중심으로 결성된 마포레인보우주민연대는 지역을 중심으로 성소수자 주민의 존재를 알리고 다양성과 반차별의 정신을 구현하기 위한 여러 활동(현수막 게시, 마을버스 광고 등)을 펼쳐나갔다. 한국게이인권운동단체 친구사이(이하 친구사이)는 총 2시즌에 걸쳐 퀴어타운 프로젝트를 진행했는데, 2011년 진행된 시즌 1에서는 성소수자와 비성소수자가 함께 모여 간담회, 사례연구, 마을 만들기 세미나 등을 진행하며 만든 가상 퀴어타운 모형도를 같은 해 퀴어문화축제에서 전시했고, 2013년 진행된 시즌 2에서는 성소수자를 중심으로 모여 보다 구체적인 모여 살기 방안을 논의하고 또 실천해보고자 했다. 무지개집이 퀴어타운 프로젝트의 결과물은 아니지만, 인권단체와 성소수자커뮤니티의 오랜 고민과 논의는 분명 무지개집 탄생에 영향을 미쳤다.

무지개집과 가족을 구성할 권리

또 다른 한쪽에서는 혈연과 혼인관계만을 가족으로 인정하는 제도를 넘어 '가족 되기'를 선택하고 가족실천을 수행하는 동성커플, 비혼자, 다양한 공동체 등 여러 형태의 친밀성과 돌봄관계를 지지하며 가족형태에 따른 차별 해소를 실현하기 위한 움직임이 시작되었다. 이러한 움직임의 중심에 있던 가족구성권연구모임은 호주제 폐지 직후인 2006년 모임을 시작해 2019년 1월 가족구성권연구소로 개소하기에 이른다. 가족구성권연구모임에 함께했던 멤버 중 한 사람인 가람은 친구사이의 퀴어타운 프로젝트부터 함께해온 무지개집 초기 멤버였고, 또 다른 가족구성권연구모임 멤버인 더지도 무지개집 입주자가 되면서 가족구성권연구소는 무지개집의 시작부터 그 이야기를 생생하게 들을 수 있었다. 연구모임에 나온 가람은 무지개집에서의 생활이 이전에 살던 곳에 비해 얼마나 좋은지 자랑을 하거나, 때로는 "이 테이블만 한 게 우리 거실이라고! 이게 말이 되냐고!"라는 푸념을 늘어놓기도 하며 생생한 일상을 전해주었다.

무지개집에 사는 성소수자들은 누구이며, 이들은 왜 함께 살기를 선택했을까? 어떻게 10가구가 모여 사는 공동주택을 함께 지을 수 있었을까? 집 거실이 회의실 테이블만 하다고 말할 정도로 좁은데 누가 언제 사용할지도 모르는 게스트룸은 굳이 왜 만들었을까? 무지개집에서의 일상은 예전 집에서와 어떻게 다를까?

영국의 페미니스트 지리학자 질 밸런타인Gill Valentine은 집에 대해 다음과 같이 말했다.

우리는 집을 당연하게 여기지만, 집이란 단순히 우리의 사회관계를 담는 가치중립적인 그릇만이 아니다. 집은 사람에 의해 설계되고 건축되는 것으로, 사람이 속한 사회의 한 결과물이다.*

가족구성권연구소는 무지개집을 통해서 한국사회를 읽어야 한다는 필요성을 느꼈다. 그렇게 2017년 1월, 당시 가족구성권연구모임은 이 책의 바탕이 되는 프로젝트의 기획안을 무지개집에 제안하고 인터뷰 의사를 타진했다. 당시 15명의 입주자들은 무지개집의 탄생과 그 의미를 기록하는 작업, 입주 후 변화한 자신의 삶을 제3자가 의미화하는 작업이 필요하다는 데 동의해주었다. 그해 3월부터 인터뷰 질문지 작성, 가족구성권연구모임의 멤버이자 무지개집 입주자인 가람을 대상으로 한 사전인터뷰, 질문지 검토와 수정 등을 거쳐 2017년

---

* 질 밸런타인, 《공간에 비친 사회, 사회를 읽는 공간》, 박경환 옮김, 한울아카데미, 2014, 93쪽.

5월부터 본격적인 인터뷰가 진행되었다.

어떻게 무지개집에서 살게 되었는지를 질문하면 대부분의 입주자가 가족과 함께 살았던 예전의 집과 가족과의 관계 등 자신의 어린 시절부터 이야기를 시작했다. 무지개집에 입주한 성소수자들이 그동안 살았던 집에서 지속적인 삶을 기대하기 어렵다고 판단한 데는 경제적 요인도 있었지만 그보다는 정신적 요인이 더 큰 것으로 보였다. 많은 입주자가 가족과 함께 살았던 집에서 자신의 삶과 관계가 얼마나 인정받기 어려웠는지를 자주 언급했다. 많은 이에게 집은 이성애/남성중심의 가부장적인 문화가 자리매김한 곳이며, 성별에 따른 가족구성원으로서의 역할이 주어지고, 아들-남편-아버지, 딸-아내-어머니로 구분된 생애주기와 관련된 정상성의 규범이 복잡하게 작동하는 공간이다. 부모나 형제와 관계가 좋지 않거나, 내가 구성하고자 하는 가족이 기존의 가족규범에 부합하기 어렵다고 예상하거나, 결혼이라는 제도가 나의 관계를 보장하지 않을 것이라는 불안감을 가지게 되면 집은 더 이상 나를 온전히 노출할 수 없는 장소가 된다. 실제로 무지개집 입주자들 중에는 아버지의 폭력적이고 가부장적인 태도에 쌓인 상처가 많은 이도 있었고, 가족 안에서 성정체성을 드러내고 이해받고자 했지만 그 노력이 실패로 끝난 이도 있었다.

가족구성권연구소 대표 김순남은 "불안전한 삶의 핵심은 삶의 장소성을 갖지 못하는 것이며, 강제된 관계에 머물러야 한다는 것이며, 다른 삶으로의 이동이 봉쇄되는 것이다"*라고 지적한 바 있다. 가족이라는 제도 및 혈연가족이라는 관계와 불화할 때 바꿀 것인지, 떠날 것인지, 머무를 것인지를 결정할 수 있는 권리는 누군가에게는 생존을 좌우할 만큼의 절실하고 기본적인 인권이다. 가족구성권연구소는 개인이 함께 살아가기 위해서 구성한 다양한 관계를 어떻게 호명할 것인지를 열어두면서도, 어떤 가족으로부터 떠날 수 있는 권리와 새로운 가족을 재구성할 수 있는 권리를 가족구성의 권리로서 정립해왔다.

책상 서랍 한구석에 몰래 보관했던, 무지개가 그려진 성소수자 인권단체 홍보물과 애인의 편지는 독립 이후에 테이블 위로 올라올 수 있었다. '일반' 친구와 룸메이트로 살며 직장에서도 집에서도 성소수자로서의 자신을 드러낼 수 없어 주말에만 게이로 지냈던 이는 무지개집에서 24시간 게이로 산다. 동성파트너와 함께 동거했지만 혈연가족과 이웃 모두에게 친한 언니 동생으로 여겨졌던 레즈비언커플은 무지개집에 와서 가장 큰 자유와 안전을 느낀다. 성소수자 친구들과 가까이 살면서 일상적으로 안부를 묻고 함께 밥을 먹으며 지내고 싶었던 이는 무지개집의 가장 좁은 방에 살지만 건물 전체

---

*   김순남, 〈강제된 장소, 강제된 관계를 질문하는 탈시설운동〉, 《시설사회》, 와온, 2020, 40쪽.

를 오가며 누구보다 무지개집을 넓게 쓴다. 늦게 들어오거나 여행을 갈 때 반려고양이를 서로 돌봐줄 수 있고, 애인과 싸웠을 때도 혼자 있을 공간이 확보되며 푸념을 털어놓을 사람이 있다는 건 반려와 커플관계를 유지시켜주는 장치이자 고립적인 가족관계를 넘어서는 가족실천들이다. 가족을 구성할 권리의 관점에서 볼 때 무지개집은 가족을 구성하는 과정뿐만 아니라 가족을 유지하는 과정에서 필요한 수행과 노력이 무엇인지를 구체적으로 보여준다. 또한 가족은 규정이 아니라 실천을 통해서 만들어진다는 사실을 생생하게 증명해주었다.

퀴어타운과 젠트리피케이션

무지개집에서 또 하나 주목해야 하는 점은 이 집이 주택협동조합으로 만들어졌다는 것이다. 주택협동조합의 조합원이 된다는 건 내가 가진 전세 또는 월세 보증금을 추후 돌려받는 돈이 아니라 집에 대한 출자금으로 내놓는다는 걸 의미한다. 이는 나의 자산이 협동조합의 자산이 된다는 것이며 따라서 무지개집의 집값이 올라도 나의 자산으로 이어지지는 않는다는 걸 의미한다. 하지만 이제부터는 보증금이나 집세를 올려달라거나 방을 빼달라는 집주인 또한 없음을 의미하기도 한다. 무지개집은 성소수자들이 모여 집을 사는^{buying} 것이 아닌 사는living 곳으로 만드는 실천을 동시에 해냈다. 출자금을 내지 않는 1인 가구를 위해서도 한 층을 할애하고, 갈 곳 없는 성소수자를 환대하기 위한 게스트룸을 만든 것도 그러한 실천의 결과다.

미국 샌프란시스코의 카스트로 거리나 영국 런던 근교의 브라이턴을 걸어본 적이 있는 사람이라면 도시 전체에 나부끼는 무지개 깃발을 보며 거리를 거니는 모든 사람이 (관광객 아니면) 성소수자로 보일 만큼 부럽고 낯선 곳이라는 느낌을 받았을 것이다. 하지만 그 이면에서, 성소수자가 살면서 가꾼 집과 세련된 문화의 도시들은 부동산 가격 상승으로 이어지며 원래 거주하던 주민들이 쫓겨나는 역설적인 젠트리피케이션이 예외 없이 진행되었다. 성소수자 중에서도 자원이 더 부족하고 교차적인 차별에 놓이는 여성, 유색인, 트랜스젠더, 장애인들이 먼저 쫓겨났다. 한국에서도 퀴어타운이 가능할지를 상상해본다면 젠트리피케이션 문제는 앞선 여러 사례들로 보아 어김없이 따라올 후과라는 걸 어렵지 않게 예상할 수 있다. 이미 게이업소가 밀집한 서울시 종로나 트랜스젠더를 비롯한 성소수자가 많이 살고 있는 이태원 옆 보광동 등은 재개발과 함께 오르는 임대료에 업소들이 허덕이거나 쫓겨나고 있는 게 현실이다. 서울시 마포구 망원동은 지금도 많은 성소수자가 살고 있고 여러 인권/시민/사회단체 또한 자리잡고 있는 성소수자 친화적인 지역이지만, 최근 '망리단길'로 상업

지구가 개발되고 브랜드 아파트 등이 들어서면서 집세가 올랐다. 이에 따라 많은 세입자 성소수자는 서울시 은평구나 경기도 고양시로 이주했다. 이러한 상황에서 주택협동조합으로 존재 방식을 결정한 무지개집은 젠트리피케이션 문제를 풀어나갈 수 있는 중요한 참조점 또한 제공한다.

삶의 재생산과 지속 가능성을 가늠하기

살아가기 위해서는 나를 지지해줄 관계망과 주거공간인 집이 꼭 필요하다. 이것들이 없으면 우리는 살 수가 없다. 퀴어커뮤니티에 접촉하며 일상적인 관계와 공간을 새롭게 세우는 건 규격화된 삶을 따르기보다 나다운 삶을 살기 위한 한 가지 방법이다. 일상적인 관계와 공간을 새롭게 세우는 과정은 그 자체로 퀴어의 주거/사회공간을 질문한다. 나답게 살기 위해 새로운 관계망, 새로운 가족을 찾아 나서는 일은 불안하고 단절된 집이 아니라 지속 가능한 집을 마련하는 출발이 되기도 한다. 무지개집은 그러한 경험을 가진 사람들 중 몇몇이 모여 시작되었다.

이 책은 다음과 같은 내용으로 이루어져 있다. 1장에서는 무지개집이 만들어지기까지의 과정과 의미를 짚는다. 무지개집 곳곳의 공간을 살피는 2장은 '집'이라는 공간이 단순히 건축물이 아니라 함께 만들고 함께 살고자 한 이들의 의지와 의미가 담기는 공간임을 이야기한다. 이 장은 마치 무지개집의 문을 열고 둘러보는 듯한 지도 역할을 하기도 할 것이다. 3장은 무지개집에 함께 사는 이들이 관계 맺는 과정을 보여준다. 친밀성, 신뢰, 갈등, 협상과 조정 등의 일상이 담겼다. 4장에서는 무지개집에서의 생활을 통해 무지개집 사람들이 성소수자로서 '집'에 대해 가지고 있던 감각이 어떻게 변화했는지, 그것이 정체성에 대한 감각과 어떻게 연결되어 있는지에 대해 이야기한다. 개개인에게 일어난 아주 작은 변화들까지 깊숙이 읽어내고자 했다. 동네 이야기로 나아가는 5장에서는 '우리끼리' 사는 것을 넘어 이웃을 만들고 동네 주민으로 살아가기 위해 무지개집 사람들이 벌인 분투를 다룬다. 마지막으로 6장에서는 협동조합이라는 방식으로 함께 살기를 실천하며 성소수자 혐오와 주거불안이라는 복합적인 난관에 대처하고자 한 무지개집이 지니는 사회적 의미를 짚는다.

　　무지개집은 이성애중심적인 기존의 가족제도를 바탕으로 지속 가능하다고 상상되는 장소로서의 집이 아니지만, 그렇다고 해서 그런 집과 대비되는 임시적이고 고립된 장소로서의 집도 아니다. 무지개집은 안전, 정체성과 친밀성 실천, 공동체, 비혈연 돌봄망의 공간으로서 다양한 방식의 관계를 만들어가는 성소수자들의 대안적 주거공간이다. 하지만 무지개집이 성소수자의 이야기에만 국한되는 공간은 아닐 것이다. 이곳의 이야기는 공유와 존중을 통해서 함께 성장하는 삶을 보여주고, 삶에 뿌리내리기가 가능한 공간의 의미와 삶의 정치를 보여주기 때문이다. 무지개집 이야기를 통해 지속 가능한 장소로서의 집에 대한 새로운 상상을 시작할 수 있기를 바란다.

차례

불합리하고 불안한 거주공간에서 흔들리는 촛불처럼 따로 살던 성소수자들이 마침내 단단한 밑불이 되기 위해 모였습니다. 그리고 같은 마음을 가진 주택협동조합과 건축가들을 만났습니다. 좁은 공간은 나누면 넓어지고, 다양성을 인정하면 새로운 가치가 생깁니다.

—"뚝딱뚝딱 티격태격 '무지개하우스' 만들기"
무지개집 텀블벅 모금 페이지 소개문안에서, 2016.

어쩌면 동네 어딘가 퀴어하우스가 더 있을지도 모른다. 1인 가구 퀴어들이 주거공간을 공유하며 함께 살고 있거나, 성소수자 커플들이 담을 맞대고 따로 또 같이 살고 있을 수도 있다. 지금은 수면 아래에 있어도 시간이 좀 흐르고 나면 어

무지개집 전경.

여기는 무지개집입니다

느 연구자의 기록에서, 어느 창작자의 영상이나 글에서 여러 퀴어하우스들의 흥미로운 서사가 모습을 드러낼지도 모를 일이다.

무지개집은 아마 조금 다르게 등장할 것이다. 처음부터 작정하고 그 정체를 공개한 퀴어들의 공동체주택이라는 점에서 훨씬 더 '별종'이다. 집 지을 준비를 하면서부터 상영을 염두에 둔 기록 영상 〈무지개 동거동락〉을 촬영하기 시작했고, 온라인에서는 소셜펀딩을 진행해 외부와의 연결을 만들었으며, 완공 후 행사로 사람들을 초대하는 오픈하우스도 치렀다. 입주 이후에도 무지개집의 일상과 의미를 알리는 활동을 계속하며 스스로 세상에 모습을 드러내기를 주저하지 않았다. 이토록 열려 있으면서도 퀴어한 공간인 무지개집은 왜, 어떻게 만들어졌을까? 무지개집과 같은 공간이 필요했던 상황은 무엇이었고, 대안적 주거공동체의 경험은 어떠했을까? 막연한 상상을 현실로 만들겠다고 결심한 사람들의 이야기를 통해 무지개집에 대한 궁금증을 하나씩 풀어나가보자.

아주 오래된 바람

15명의 퀴어와 5마리 고양이들의 집. 망원동 무지개집은 언제, 어떤 계기로 시작되었을까? 집이라는 물리적 공간만을 놓고 생각한다면 망원동 오래된 1층 주택을 사서 새 집을 건축하기로 결정한 날을 꼽을 수 있을 것이고, 이 공간에 거주하고 있는 사람들의 관계를 더듬어 올라가자면 몇 명의 게이들이 서울시 북아현동, 연남동, 서교동에 함께 모여 살던 시절부터라고 생각할 수도 있을 것이다. 아니면 "우리가 만들고 누구나 꿈꾸는 공동체"를 모토로 몇 달간 토론을 거듭했던 친구사이에서의 퀴어타운 프로젝트를 이 집의 시작점으로 볼 수도 있다. 자타 공인 이 집의 기획자로 알려진 코러스보이에게 단도직입적으로 물으니, 이 집의 시작을 알려면 시계를 조금 더 뒤로 돌리는 게 좋을 거라는 듯한 대답이 돌아왔다.

　처음 시작한 과정이나 이런 거요? 사실 이런 아이디어는 누구나 가지고 있잖아요. (코러스보이)

　생각해보면 수긍이 가는 말이다. 나이 들면 가까운 데 모여 살자는 말, 친구들끼리 한 번쯤은 주고받는 말이니까. 그리고 대부분은 살면서 잊게 마련이다. 이성 배우자를 만나 가족을 꾸리고 집을 구할 때가 되면 예산에 맞춰 어느 동네가 일터에 나가기 편한지, 아이를 양육하기에 좋은지, 학교는 가까운지 등을 따질 뿐 옆집에 누가 사는지, 같은 동네에 친한 친구가 사는지는 애초에 체크리스트에 오를 일이 없다. 하지만 (과장 좀 보태서) 서로를 이해하는 친구들끼리 모여 살 미래를 생각하며 버틴 사람들도 있었다. 1990년대 초중반에 20대를 보낸 퀴어들, 한국사회에서 성소수자가 가시화되기 시작한 바로 그 무렵을 지나왔던 사람들이 그랬다. 무지개집 프로젝트의 초창기 멤버 코러스보이, 동하, 가람도 그런 사람들이었다.

> 20대 중반, 그러니까 90년대 중반 무렵 게이커뮤니티에 처음 나갔어요. [그때] PC통신 동호회, 친구사이가 생기기 시작했는데, 이런 커뮤니티보다는 게이바가 더 주류였죠. 지금이랑 다르게 어두컴컴한 게이바에 모여서, 젊은 사람들은 커밍아웃하고 집에서 쫓겨났다거나 가출했다는 이야기, 나이 든 사람들은 이혼하고 혼자 살고 있다는 이야기를 했어요. 가족이라는 관계 맺기가 힘든 사람들, 현재의 모습은 있지만 미래의 모습은 보이지 않는 파편화된 [삶을 사는] 사람들이었어요. (코러스보이)

그 시절 퀴어들의 고립감을 알려주는 농담에는 이런 것도 있다. 게이가 어떤 사람들인지 잘 알 수도 없던 시절에 알음알음 알아본 지식으로 자신을 게이로 정체화한 한 사람이 세상에 게이는 자신밖에 없다고 생각하며 지내다가 2000년 9월 홍석천의 커밍아웃(사실은 아우팅)을 보고 '아, 한국에 게이는 나랑 홍석천 2명이구나' 했다는 이야기. 2016년 젊은 성소수자활동가들을 위한 교육 프로그램에서 이 이야기를 들었을 때, 나를 포함해 그 자리에 있던 모두가 웃었다. 그런 시절이 있었다고? 말도 안 돼, 라는 감정 반, 20년 뒤 누군가도 지금 우리가 하고 있는 고민에 이렇게 어이없어하겠지, 하는 감정 반이었던 것 같다. 여하튼 다시 본론으로 돌아와서, 그 정도의 고립감을 느끼다가 게이커뮤니티를 알게 되고 그곳에서 정체성을 공유하는 사람들을 만났을 때 느꼈을 친밀감과 연대감이 얼마나 컸을지 상상이 된다. 이들에게 '나중에 같이 살면 좋겠다'는 이야기는 언제부터인가 늘 빠지지 않는 레퍼토리가 되었다.

모여서 술 마시면 늘 '우리 나중에 모여서 같이 살자, 좀 마음 편하게 살 수 있는 공간이 있으면 좋겠다' 이런 이야기를 했어요. 그곳에는 내 또래나 더 나이 많은 사람들도 있어서, 시간이 지나면 사람들이 같이 모여 사는 모습들이 좀 보일 줄 알았는데, 그런 게 없더라고요. 나보다 나이 많은 사람들은 하나둘씩 커뮤니티에 모습을 보이지 않더니, 어느 순간 고개를 돌려보니 내가 제일 나이 많은 사람 중 하나가 되어 있었어요. (코러스보이)

마음 편한 사람들끼리 같이 모여 살자는 이야기가 게이들만의 레퍼토리는 아니었다. 2006년 9월에는 지역 기반 레즈비언커뮤니티 마용서가 생겨났는데, 마용서란 이름은 마포구, 용산구, 서대문구의 첫 글자를 딴 것이었다. 혈연관계의 가족은 아니지만 "동네에서 편하게 만날 수 있는" 친구들과 "집벙개"를 하며 서로의 가족이 되어 고립감을 해소하고자 했던 이 젊은 레즈비언들에게는 원대한 로망이 있었다. 바로 "마용서 실버타운"을 지어 함께 살며 늙어가는 미래였다. 다양한 세대 레즈비언들의 소통과 유대를 위해 2009년 5차례 발간된 〈레인보우링 매거진〉의 2009년 7월호(제2호)에는 실버타운의 청사진을 제시하며 마용서를 홍보한 흔적이 남아있다.

> 우리 마용서의 로망은 '마용서 실버타운'입니다. 한 건물에 옹기종기 모여 살며, 2층엔 대규모 L클럽을 두고 '노세 노세 늙어서 노세' 하는 것이 우리의 대망 …… 모두가 아끼는 제2의 보금자리 마용서에 놀러 오세요.*

그때도 지금도 퀴어들은 본연의 자기 모습을 마음 편하게 드러내기 힘든 세상에 살고 있다. 집, 학교, 직장에서 성소수자라는 본모습을 감추고 하루의 대부분을 '부캐'로 살아야 하는 것이다. 20여 년 전 성소수자들이 '한국에 성소수자

---

* "[L community 특집] 커뮤니티 집중탐구", 레인보우링 블로그, 2009.7.28. https://rainbowring.tistory.com/39

는 홍석천, 하리수, 나밖에 없는 것 같다'고 생각하며 고립감을 느꼈다면, 무지개집 프로젝트가 막 시작되던 2014년 무렵은 "내 주변에는 성소수자가 없어"라는 말로 요약될 수 있는 상황이었다. 성소수자 당사자들이 인권단체를 만들고 퀴어퍼레이드를 하며 집단으로서의 가시성을 높이고 있었지만, 동료로서 이웃으로서의 성소수자 개인은 비가시적인 존재였다. 2014년 6월 글로벌 리서치 회사인 입소스IPSOS에서는 한국을 포함한 15개국에서의 성소수자에 대한 인식조사 결과를 발표했는데,* 회사 동료나 절친한 친구, 친척 가운데 성소수자가 있느냐는 질문에 한국은 4%만이 그렇다고 대답한 것으로 나타났다. 15개국 평균이 46%였고, 스페인, 영국, 미국, 캐나다 등은 60% 내외였던 것과 비교하면 형편없이 낮은 수치다. 15개국 중 가장 낮은 것은 물론이고, 꼴찌에서 두 번째인 일본의 8%에 비해서도 절반밖에 되지 않는 수준이었다. 당시 서구에서는 이미 생활동반자법 입법이나 동성결혼 법제화의 움직임이 활발했지만, 우리에게는 딴 나라 이야기에 불과했다. 최소한 공공부문에서만이라도 차별을 하지 말자고 사회적으로 약속하는 차별금지법조차도 '동성애 옹호법'이라는 프레임에 갇혀 정치권의 금기어로 여겨지던 시절이었다. 그 당시 30~40대를 지나던 성소수자들은 변하지 않는 것 같은 세상

---

* *A Global @dvisory-June 2014-Same-Sex Marriage*, IPSOS, 2014, 14쪽.

에서 나이가 들어가며 삶에 대한 불안감도 커져갔다.

> 40대 중반이 되면서 건강에 좀 자신이 없어졌어요. 주변
> 에 아픈 사람들이 많아지고, 먼저 떠나는 사람들을 봤어요.
> HIV 감염인들이 주변에 많다는 것도 알게 되면서, 나랑 가
> 까운 이 친구들이 죽으면 나는 어떻게 되지? 갑자기 겁이 났
> 어요. 만약 내가 먼저 죽으면 이 친구는 어떻게 될까. 내가
> 아프면 누가 케어해주지? 애인 한 사람만 믿고 살기에는 너
> 무 이 세상은 성소수자에게 불안정해요. 혈연가족들하고는
> 아주 가깝게 지내지는 않고, 더구나 커밍아웃하고 나서는
> 어느 정도 거리감이 생겼기 때문에 아플 때 혈연가족한테
> 도움을 받고 싶지 않은 마음이 있거든요. (코러스보이)

HIV/AIDS 합병증과 싸우다가 세상을 떠난 친구들, 혐오
와 편견으로 돌아올 수 없는 길을 선택한 성소수자들의 장례
식장, 커밍아웃 이후 관계가 단절된 원가족, 자기를 드러낼 수
없는 회사, 연일 치솟는 서울 집값에 때마다 이삿짐을 싸야 하
는 피로감 속에서 마음 편하게 살아갈 수 있는 주거공간에 대
한 바람은 여러 장면, 장소, 감정을 통과하며 쌓여갔다. 그리
고 차츰 실천으로 옮겨지고 있었다.

일단 가까이 살아볼까?

하지만 마음 편하게 살 수 있는 공간에 대한 로망이 곧바로 무지개집이라는 주거공간의 마련으로 이어질 수는 없었다. 무지개집 입주자 중 일부는 지근거리에 모여 살며 대안적인 가족·공동체를 실험하기도 했고, 주변 성소수자 지인들의 경험을 보고 들으며 나름의 가능성을 타진해보기도 했다. 그러한 과정의 배경으로 자리한 서울시 북아현동은 대안 주거 공동체의 계보에서 빼놓을 수 없는 곳이다. 2000년대 초반부터 코러스보이를 포함한 친구사이 회원들은 북아현동으로 이사하기 시작했다.* 마을공동체나 퀴어타운를 만들겠다는 특별한 계획이 있었던 건 아니고, "의도치 않게" 북아현동 인근에 모여 살게 되었다는 게 정설로 보인다.**

북아현동에 살 때가 [주거공동체라고 할 수 있는] 그런 경험이었죠. 그때는 훨씬 더 젊었고 혼자 살기 시작한 지 얼마 안 되어서 기댈 곳이 더 필요했어요. 외롭고, 커밍아웃한 지도 얼마 지나지 않았고요. 그래서 하소연할 사람이 필요했어

---

* 친구사이 홈페이지 게시판에서는 2003년부터 북아현동 이야기가 나오는 것을 볼 수 있다.

** 몽, 〈퀴어타운을 이루는 그 날까지〉, 《비정상 가족들의 비범한 미래기획》, 언니네트워크+가족구성권연구모임, 2012, 107쪽.

요. (코러스보이)

비슷한 고민을 가진 젊은 게이들이 하나둘씩 모였다. 코러스보이의 집에 몇 명이 같이 살고, 몇 발자국 떨어진 집에, 또 그 옆에. 2012년 즈음에는 "숫자가 꽤 되는 마을공동체"*** 라고 부를 만큼 커졌다. 정작 북아현동 주민들은 알지 못하는 이 감추어진 마을공동체를 당사자들은 "북아현동 부녀회"라 고 부르며 수시로 모이고 친목을 다졌다. 서로가 서로의 버팀 목이 되어주는 일상 속에서 예전에 느꼈던 고립감은 많이 해소되었다. 1인 가구뿐만 아니라 커플이 함께 사는 경우에도 이 공동체의 역할이 컸는데, 적지 않은 커플들이 깨지지 않고 장기간 함께할 수 있었던 배후에 북아현동 부녀회가 있었던 것이다. "싸우고 짐을 싸서 나왔더라도 이 둘의 안전망 역할을 해주는 것은 부부라는 형식이나 제도가 아니라, 두 사람의 관계를 지지해주는 주변의 친구들"****이었다.

북아현동은 이들에게 좋은 기억으로 남았다. 지금은 언론에서 "강북권 알짜 재개발 사업지"라는 타이틀로 소개되는 동네이지만, 2012년 당시 그곳에 살았던 사람들은 약간 지저분하긴 했어도 사람 냄새가 났던 곳으로 기억한다. 코러스보

*** 같은 글, 107쪽.
**** 같은 글, 106쪽.

이는 "그때 그 동네를 정말 좋아했"다며, 나눠 먹을 게 있으면 출근길에 북아현동 부녀회 회원 집 앞에 놓아두고 가고, "치맥하자, 나와"라는 신호가 떨어지기 무섭게 삼삼오오 슬리퍼를 신은 편안한 차림으로 모였던 시절을 회상했다. 그 동네에 살면서 "북아현동은 우리가 사는 곳이야"라는 생각을 많이 했다고 한다. 그 말에서 사는 동네에 대한 소속감을 넘어 마을공동체를 만들고 유지하며 살았다는 자부심이 엿보였다. 당시 경험 때문인지, 코러스보이는 처음 무지개집 모델을 구상하던 때에도 어느 정도 자신감이 있었다.

우리 집에 한두 사람이 같이 살고, 몇 발자국 가면 이 사람, 또 몇 발자국 가면 저 사람이 살고. 그래서 그때 그 동네를 정말 좋아했어요. 여기 북아현동은 우리가 사는 곳이야! 이런 생각을 많이 했죠. …… 그 경험들이 조금 있기 때문에 이 집[무지개집]도 괜찮을 거라는 생각을 할 수 있었어요. (코러스보이)

북아현동에 게이들의 마을공동체가 있었다면, 마포에는 비혼/퀴어페미니스트 여성들을 중심으로 한 커뮤니티 마레연이 형성되기 시작했다. 북아현동 부녀회가 아는 사람들만 아는 은밀한 성격이었다면 마레연은 2013년 당시 어느 시사주간지를 통해 "한국에서 유일한 성소수자 지역모임"*이라고 인정(?)받았을 정도로 꽤 유명세를 탔다. 마레연은 '마포레인보우유권자연대'의 줄임말로, 본래 2010년 지방선거를 앞두고 마포구의 페미니스트, 퀴어활동가들이 유권자운동을 벌여보자는 취지에서 연대한 모임이었다. 그렇게 시작된 모임은 선거 이후로도 이어지며 "보다 일상적인 주민 조직"으로 그 의미와 활동을 전환했고, 모임의 이름 역시 '마포레인보우주민연대'로 바꾸었다. 마포레인보우주민연대는 운영진이라는 개념 대신 '잡다한 일을 도맡는 사람'을 정해 1년 임기 당번 체제로 운영하면서, '지금 이곳을 지나는 사람 10명 중 1명은 성소수자입니다' 현수막을 통한 성소수자 인권운동에서부터 '퀴어 밥상' 모임과 같은 친목활동에 이르기까지 다양한 활동을 벌였다. 2010년 4월에 열린 첫 오프라인 행사에 50여 명이 참석한 것으로 기록되어 있고,** 2014년 3월에는 온라인 카페 가입자가 450명에 이를 정도로 만만찮은 규모였다. 이처럼 마포구에는 비슷한 "세대적·문화적·정치적 특성을 공유하는 비혼/퀴어페미니스트 여성들이 수적으로 많이 거주"하고 있었으며, 그 안에 사는 누군가에게 "사실 이미 마포는 어떻게 보면 퀴어타운"이었다.***

---

* 신윤동욱, 〈친구 따라 마포 산다 비혼 여성들의 거대한 은신처〉, 《한겨레21》, 2013. 6.21.
** 박예슬, 〈"소수자가 행복한 마포구를 원합니다": LGBT 유권자 모임 '마포 레인보우 유권자 연대'가 떴다〉, 《오마이뉴스》, 2010.4.27.

2010년부터 활성화된 마레연 지역공동체는 친구사이 회원들이 퀴어타운 프로젝트를 시작하는 데 영향을 주기도 했다. 다음은 2011년 친구사이 소식지와의 대담에서 코러스보이가 한 말이다.

> 집에 밥이 없을 때, 술이 한잔 마시고 싶을 때 편하게 찾아갈 수 있는 친구가 가까이 있었으면 좋겠다는 생각에서 시작했다. …… 우연히 같은 동네에 모여 살았던 경험 정도였는데 그걸 정식으로 한번 이야기해보자고 한 거다. 다들 조금씩은 생각하고 있었으나 막상 하려니 겁이 날 수도 있고 아무것도 모르는 상태일 수도 있지 않나. 그런데 마레연 같은 경우는 이미 자연스럽게 하고 있는 것 같더라. 너무 부담스럽지 않게 모형도를 만들어보면 좀 더 구체적으로 고민할 수 있지 않을까 싶었다.*

친구사이가 주축이 되어 2011년(시즌 1)부터 2013년(시즌 2)까지 이어진 퀴어타운 프로젝트는 장기적 삶의 전망으로 대안공동체를 꿈꾸는 성소수자들이 그간 상상만 해오던 주거

*** 전희경, 〈마을공동체의 '공동체'성을 질문하다: 서울시 마포·은평 지역 비혼/퀴어 페미니스트들의 경험을 중심으로〉,《페미니즘 연구》제14권 1호, 한국여성연구소, 2014, 84~86쪽.
* "Queer Town in KOREA 대담: 7월의 소식지 특집 - 퀴어, 공존을 생각하다", 친구사이 소식지 14호, 2011.7.4.

환경을 실제로 함께 디자인해보는 작업이었다. 친구사이 회원뿐만 아니라 대안공동체에 관심 있는 여러 퀴어들이 다양하게 참여했다. 시즌 1에서는 퀴어타운의 가치와 비전을 세우고 구체적인 공동체마을/공동주택 모형을 디자인했다. 이 작품들은 퀴어문화축제 기간 동안 전시되었다.

퀴어타운 프로젝트를 마무리한 후 직장과의 거리 때문에 북아현동을 떠나야 했던 코러스보이를 비롯해서 동하와 가람(철호의 표현에 따르면 이들은 소위 무지개집 "빅3"다) 그리고 이들과 친한 레즈비언커플까지 총 4가구는 서울시 마포구 서교동과 연남동에 걸쳐 모여 살기로 했다.

> 모여 살자는 그런 생각들을 조금씩 해왔으니까, 그래 마포로 가자, 하고 간 거죠. 연남동, 서교동까지 집을 알아보고, 코러스보이형네 집이랑 아주 가까운 집도 보고 그랬어요. 일단 좀 모여 살자는 생각을 했던 게 [무지개집 프로젝트가 시작되기 이전의] 과도기 단계였고, 살다 보니 가까우니까 일단 좋네, 이런 생각을 했죠. (가람)

마음 편한 공간을 찾던 사람들이 한 동네 혹은 가까운 동네에 거주하며 만든 소규모 마을공동체와 마레연과 같은 지역커뮤니티를 통한 퀴어타운 실험까지, 성소수자들에게 '일단 가까우니까 좋다!'는 경험은 꽤 오랜 기간 이어졌다. 그리고 다음 단계로서 더 과감한 실험을 상상하게 됐다. 그럼, 한 집에 사는 건 어떨까?

무지개집의 시작

상상이 현실이 될 때는 기적이든 우연이든 초인적 노력이든 무언가 특별한 요소가 끼어 있기 마련이다. 무지개집도 예외는 아니었다. 다만 "성소수자들이 상상하는 주거공간을 현실화"*하는 사건이 일어날 수 있었던 데는 기적이나 우연보다 "부지런을 떠는 사람"(동하)들의 존재가 훨씬 더 중요했다.

첫 번째 등장인물은 앞에서도 여러 차례 언급된 코러스 보이다. 2014년 어느 날 주변을 돌아보던 그는 누군가 퀴어타운(혹은 퀴어하우스)을 시작해주길 기다리기만 하다가는 절대 그런 날이 오지 않을 것 같다는 생각에 이른다.

롤모델이 없으면 실패하더라도 그냥 우리가 롤모델이 될 수도 있지 않느냐 이런 생각들을 하면서 약간 급해졌어요. 내가 빨리 해야 되겠구나. 그게 무지개집 짓기 전, 대략 1년 전

---

* "[공지사항] 제11회 무지개 인권상 수상자 발표: 성소수자 부모모임, 무지개집 프로젝트", 친구사이 홈페이지, 2016.12.16. http://chingusai.net/xe/notice/485370

이에요. (코러스보이)

동하 역시 당시를 비슷하게 기억하고 있었다. 코러스보이, 가람, 동하 셋이 모이면 농담처럼 나이 들어서는 서로 불안하니까 같이 살자는 말만 하고 있었는데, 갑자기 본격적인 안건으로 등장한 것이다.

코러스보이형이 '그냥 지금 해보자'라는 이야기를 꺼냈던 것 같아요. 기다릴 것 없이 지금 해보자, 살아보다가 아닌 것 같으면 다 나오게 되더라도, 한번 해보면 다음에 더 잘할 수 있으니까. 늙어서 모이는 것보다 한 살이라도 젊었을 때 모여 사는 게 더 재미있지 않을까? 그런 얘기를 꺼냈던 것 같아요. (동하)

2010년대 초중반은 2년마다 전셋값이 급등하고 있었는데 매번 오른 전셋값을 마련하느라 대출을 받으니 그 돈을 모아서 집을 짓는 게 이익이겠다는 현실적인 계산도 있었다. 물론 주위에서는 시기상조라고 말리는 사람이 적지 않았다. 그런 이들을 마주할 때면 우리보다 더 젊은 이성애자 친구들도 공동체마을 만들고 집 지어서 잘만 살고 있는데 우리는 퀴어라는 이유로 늙을 때까지 기다려야 하느냐고 되물으며 지금이 시작할 때라고 설득했다.

[전세금 모으고 대출 조금 하면] 집을 지을 수 있지 않겠느냐는 코러스보이형 말에 어, 그래요? 하며 생각만 하고 있었는데, 코러스보이형이 재빨리 함께주택협동조합 이걸 알아본 거예요. 함께주택 박종숙 이사장님과 코러스보이형이 있어서 가능할 수 있었던 것 같아요. 부지런하니까 빨리빨리 알아보고 미팅하고 …… 생각해보면 코러스보이형처럼 부지런을 떠는 사람이 없었으면 안 되었겠죠. (동하)

무지개집의 또 다른 이름, 또 하나의 중요한 정체성은 '함께주택 2호'이다. 앞선 동하의 말에서 언급된 함께주택협동조합은 두 번째로 소개할 등장인물이다. 집을 짓는다는 게 결심만 한다고 되는 일이 아니다. 비전문가, 무경험자에겐 집을 사서 리모델링하는 것도, 토지를 매입해서 집을 설계·시공하는 것도 도무지 감을 잡기 힘든 전문적인 영역의 일이다. 무지개집에 대한 고민을 적극적으로 하기 시작할 즈음, 때마침 코러스보이의 귀에는 함께주택에 대한 소문이 들려왔다. 2013년 설립된 함께주택협동조합은 개인이 감당하는 주택문제를 공동으로 해결하자는 취지로 조합이 주택을 매입하고 조합원들이 실거주함으로써 주택의 사회적 소유를 실천하고 있었다. 2014년 마포구 성미산에 함께주택 1호가 완공되었는데, 3가구가 살던 다가구주택을 1인 가구 8명을 위한 셰어하우스로 리모델링한 곳이었다.

함께주택에 대한 이야기를 대략적으로 알고 있던 코러스보이지만, 사실 함께주택협동조합과 무지개집의 인연은 순전히 우연이었다. 어느 날 함께주택협동조합 이사장이 한 진료실을 방문했는데 우연히도 그곳이 코러스보이가 일하는 진료실이었던 것이다.

진료실에서 만난 사람이 함께주택협동조합 이사장님이라는 걸 알았어요. 그래서 이분에게 물어봐야겠다고 생각했어요. 이런 관심이 있는데 집을 한번 콜라보해서 같이 지으면 어떻겠느냐. 집에 대해서 아무것도 모르니까 겁이 났어요. 어떻게 돈을 마련해서 집을 짓고 살아야 하는 건지 너무 겁이 나서. 어쨌든 이미 집 하나를 짓고 살고 있는 협동조합이 있으니까 약간 믿음직한, 신뢰감이 있고 해서 그쪽에다 물어봤어요. 내가 요런 생각이 있는데 관심이 있느냐? 그러니까 그 함께주택협동조합에서 '좋다, 1호 짓고 나서 2호를 고민만 하고 특별히 실천을 못하고 있었는데 잘됐다' 하면서 그쪽에서 적극적으로 '같이 하자' 그렇게 얘기를 한 거예요. (코러스보이)

두 사람이 의기투합하자 속도가 나기 시작했다. 우선 코러스보이는 그동안 퀴어타운 프로젝트나 주거공동체에 관심을 보였던 사람들에게 쭉 연락을 돌렸다. 한 사람 한 사람 "꼬

시면서" 엄청 긴 이메일을 썼다고 한다.

주택협동조합 형태로 하면 이 집은 내 집이 아닌 협동조합의 집이 되는 거잖아요. 나는 그래도 상관없다고 생각했어요. 그런 내용을 사람들한테 다 얘기를 했죠. 그럼에도 하겠느냐고. 내가 보기에 우리끼리 이렇게 모여 있기만 해서는 누가 나타나서 10억을 던져주지 않는 이상 평생 가도 집을 못 지을 거라고 생각했어요. 우리가 가지고 있는 돈을 모아서 협동조합에 맡기고 조합에서 집을 지어주는 것이 지금으로서는 현실적인 대안일 것 같다고 얘기를 했죠. 그렇게 해서 서너 집이 모였어요. (코러스보이)

그렇게 코러스보이를 포함한 3가구, 총 6명이 초기 "무지개멤버 관심자모임"이 되었다. 함께주택협동조합의 초기 자료에서는 이 모임이 "망원동 거주 희망자 그룹"이라는 튀지 않는 이름으로 불렸다. 함께주택협동조합은 "망원동 거주 희망자 그룹의 제안이 이루어진 2014년 10월부터 주택매입을 위한 부동산 조사를 함께 진행했고 주택매입과 착공에 필요한 일정 부분의 비용을 공동으로 조달"하기로 합의했다.* 무지개멤버 관심자모임은 2014년 11월 첫 모임을 갖고 한 달간

---

*   "[소식] 함께주택 2-2호 공개설명회", 함께주택협동조합 다음카페, 2015.5.29.

건축과 공동주거에 대한 워크숍을 진행했다.**

실제로 집을 짓는 과정에서 어떤 난관에 부딪치게 될지 이
해하는 시간을 먼저 가졌어요. 워크숍만 거의 한 달을 했을
걸요. 집을 짓는다는 게 어떤 건지, 주택협동조합을 한다는
게 어떤 의미인 건지, 같이 살았을 때를 예상한 시뮬레이션
까지. 이게 쉬운 일이 아닌 거잖아요. 큰돈을 투자해야 하니
까. 그리고 각자 집과 주거환경에 대한 환상, 꿈 같은 게 다
다르고 기대치가 다르니까요. (동하)

2014년 말부터 기본적인 워크숍 이후 2015년 4월 망원
동의 빈집을 매입하기까지, 이들은 근 반년 동안 수차례 회의
를 거치며 의견을 나누었다. 예비입주자들은 사생활이 보장
될 수 있는 최소한의 개인공간과 공용공간의 구분과 1인 가구
가 입주할 수 있는 셰어하우스 공간 등 구조에 대한 논의에서
부터 개인이 부담해야 할 주거비용에 이르기까지 무지개집을
둘러싼 여러 고민을 함께 나누었고, 함께주택협동조합의 부
동산 조사에도 참여했다. 이러한 과정을 거쳐 드디어 망원동
에서 45평짜리 빈집을 발견, 조합 명의로 매입이 완료되었다.

** 이후 무지개집 시작과 입주와 관련된 내용은 다음의 자료를 참고하였다. 함께주택
협동조합 · 무지개집 거주자 자치회, 〈함께주택 2호 무지개집 시작에서 입주까지〉,
2016. (미간행)

©함께주택협동조합

망원동의 빈집을 매입한 이후인 2015년
5월부터는 본격적인 워크숍의 연속이었다.
사진은 워크숍이 한창 진행 중인 당시의
모습과 무지개집 주택모형.

여기는 무지개집입니다

망원동의 집터를 매입한 후 본격적으로 몇 가구가 입주할 수 있을지에 대한 구체적인 규모가 그려졌고, 입주를 결정하는 사람도 하나둘 늘었다. 45평 대지에는 2인 독립형 주거공간 5가구와 5~7인이 함께 살 수 있는 공유형 주거공간이 어우러진 5층 주택이 들어설 수 있다는 견적이 나왔다. 그제야 본격적으로 예비입주자 모임과 조합 간의 논의가 시작되었다. 협동조합에 대한 신뢰도는 중요한 문제였다. 구성원 모두 집을 짓는 게 처음이었고, 협동조합 방식은 한국에서 쉽게 시도되지도 않은 것이었기 때문에 다들 질문이 한 보따리였다. '출자금을 회수할 수 있는가?' '시간이 지나면서 집의 가치가 하락하는 건 아닌가?' '함께주택협동조합은 믿을 수 있는 곳인가?' 등 여러 불안감이 함께했다. 그럼에도 무지개집이 진행될 수 있었던 이유는 입주자 모두가 성소수자공동체 구성원으로서 서로를 신뢰하고 있었고, 협동조합으로 집을 짓는다는 결정 또한 함께 내린 것이므로 만에 하나 무슨 일이 생기더라도 서로를 보호할 수 있을 거라는 신뢰가 있었기 때문이다. 또한 함께주택협동조합이 마포구 성미산 근방에서 오래 활동해왔다는 점, 협동조합 구성원에게 인간적인 신뢰감을 가진 입주자들이 있었다는 점도 중요하게 작용했다.

　　망원동의 빈집을 매입한 이후인 2015년 5월부터는 본격적인 워크숍의 연속이었다. 예비입주자의 개별공간 설계를 시작으로 설계자와 입주자가 함께하는 워크숍을 진행했다. 이후에는 공용공간 설계를 위한 워크숍이 진행되었고, 공사가 시작된 이후에는 건축 과정을 이해하고 입주 후 주택의 유지·관리를 위한 사전교육 차원으로 일부 공사 과정에 직접 참여하는 공사 워크숍도 진행했다. 주택협동조합에 대한 교육과 주택자산 운용 방식에 관해 공부하는 워크숍도 가졌다. 무지개집의 주택소유 방식과 계약 방식에 대한 문제는 입주 전 워크숍에서 끊임없이 논의해야 했다. 주택소유 방식과 계약 방식에는 조합원들이 출자금 형태로 투자하거나 협동조합과 조합원이 임대차 계약을 맺는 방식이 있는데 각각 일장일단이 있었다. 임대차 계약을 맺으면 조합원이 낸 돈은 보증금이 되므로 입주자들은 자신의 자금을 법적으로 보호받을 수 있다. 하지만 협동조합 입장에서는 보증금이 부채로 계산되어 재정 건전성이 악화되는 요인으로 작용해 나중에 은행에서 대출을 받으려 할 때 제약이 생긴다. 출자금 방식을 택할 경우, 조합원이 낸 돈은 협동조합의 자산으로 간주되므로 이런 문제가 없다. 대신 주택가격 하락 시 출자금을 보장받을 수 없다는 점을 감수해야 한다. 무지개집 입주자들은 입주 전 워크숍을 통해 임대차 방식이냐 출자금 방식이냐를 두고 토론했고, 여러 번의 회의 끝에 출자금 방식으로 합의했다. 각자가 내는 보증금을 개인의 자산이 아닌 공동의 자산으로 여기겠다는 무지개집 구성원들의 의지가 반영된 결정이었다.

충별로 다른 입주자들의 보증금은 그 계산법도 별나다.

공간의 크기, 소위 평수를 따지는 부분이 완전히 없지는 않지만 그보다는 각 구성원의 상황을 더 고려하며 유동적으로 조정한다. 2층은 많은 사람이 부담 없이 살 수 있게 하자는 취지에서 비교적 저렴한 보증금을 책정했다. 2층 1인 가구는 보증금 1,000만 원에 월 사용료 25만 원, 3층과 4층의 2인 가구는 보증금 1억~3억에 월 사용료 25만 원을 책정했다. 1가구가 단독으로 거주하는 5층은 보증금 8,000만 원에 월 사용료 25만 원이다. 회의를 거쳐 각 층의 보증금과 월 사용료가 결정되었지만 변수도 생겼다. 3층에 입주하기로 예정되어 있던 2인 가구가 입주를 포기하면서 2층에 입주하기로 했던 1인 가구가 3층으로 옮기는 상황이 발생한 것이다. 두 집이 부엌과 거실을 공유하는 3층의 구조 때문에 새로운 입주자를 찾는 것보다 서로 편안함을 느끼는 2층 현식이 입주하는 게 최선인 상황이었는데, 현식은 사업 자금을 마련해야 했고 2층 입주를 계획했던 터라 보증금을 1,000만 원 이상 낼 수 없었다. 일반적인 공동주택이라면 가차 없이 정해진 보증금 1~2억을 낼 수 있는 다른 입주자를 찾았겠지만, 무지개집에서는 현식이 입주하기로 했던 2층 1인 가구 보증금과 같은 1,000만 원으로 보증금을 조정했다. 이로 인해 발생하는 출자금 부족분에 대해서는 모두 함께 십시일반 추가 지출을 결의한 것이다. 대신 현식은 남들보다 월 사용료 5만 원을 더 내고 게스트룸을 자신의 방 옆으로 배치하면 좋겠다고 제안했다. 그래야 마음이

편하겠다는 생각이 들었단다.

워크숍에서 이뤄진 진지한 논의, 때로는 격한 부딪힘이 발생하기도 했던 그 과정에서의 좌충우돌을 모두 풀어놓자면 이야기가 끝나지 않을 것 같다. 첫 무지개멤버 관심자모임 이후 입주 희망자들이 하나둘 모여든 것을 시작으로, 약 1년 반 동안 40번 이상의 회의와 다양한 워크숍이 차곡차곡 쌓여갔고 그사이 무지개집도 완공되었다. 참여한 모두가 서로를 위한 한 채의 집을 위해 부지런을 떤 기간이었다. 예비입주자뿐만 아니라 함께주택협동조합도 마찬가지였다. "무지개집과 함께주택협동조합의 주택건설 과정은 서로가 가진 다양성을 지지하고 응원하는 시간의 연속"*이었다.

무지개집 타임라인**과 사람들

무지개집은 2014년 11월 초동모임, 2015년 4월 망원동 토지매입, 그해 8월 착공식, 2016년 4월 준공 인가를 거쳐 5층

---

* 제11회 무지개인권상 수상 소감 중에서. "[공지사항] 제11회 무지개인권상 수상자 발표: 성소수자 부모모임, 무지개집 프로젝트", 친구사이 홈페이지, 2016.12.16.

** 자세한 타임라인은 다음의 자료에서 볼 수 있다. "[2015 이반시티퀴어문화기금] 무지개하우스의 퀴어합방비서: '퀴어들의 공동주택 만들기' 다큐멘터리 제작 프로젝트 후기입니다", 비온뒤무지개재단 홈페이지. https://rainbowfoundation.co.kr/projec_story/3111

다가구주택으로 탄생했다. 이렇게 탄생한 무지개집에는 15명이 입주했는데, 처음부터 모두가 함께 시작한 건 아니었다. 무지개집의 시간을 함께 따라가며 이곳에 입주한 이들의 면면을 들여다보자.

2014년 10월: 함께주택협동조합에 무지개집 프로젝트(함께주택 2호) 제안 성사. 주택매입을 위한 부동산 조사 진행.
▶ 합류한 사람들: 무지개멤버 관심자모임 3가구 6명

무지개멤버 관심자모임

코러스보이(3층) 게이 합창단 지보이스 단원이며 영화 〈위켄즈〉의 음악감독 겸 배우 경력도 보유하고 있지만, 본업은 망원역에 위치한 무지개의원(구 마포의료생활협동조합의원)*** 에서 일하는 의사이다. 북아현동 부녀회, 퀴어타운 프로젝트, 마포구 이웃공동체를 거쳐 무지개집에 이르기까지 퀴어 주거공동체의 역사를 몸으로 쓰며 살아가고 있다. 무지개집 초대 대표를 지냈다. 파트너 철호, 고양이 첫눈이, 구월이와 함께 살고 있다.

철호(3층) 게이 합창단 지보이스 단원이었으며 파트너인 코러

*** 2018년 무지개의원으로 개명한 구 마포의료생활협동조합의원은 홈페이지를 통해 "편견 없이 차별 없이 진료받을 수 있는 의원"으로 소개되고 있다.

스보이, 고양이 첫눈이와 함께 마포구에 있는 널찍한 2층 단독주택에서 살다가 '코러스보이의 꿈을 지지한다'는 마음으로 무지개집에 함께 들어왔다. 건물에서 터지는 각종 문제들(침수, 누수 등)에 진절머리 치지만 문제가 터지면 가장 먼저 발 벗고 나서는 사람이다. 무지개집 사람들과 함께 술잔을 기울이고 정을 나누는 맛에 살고 있다.

동하(4층) 게이 합창단 지보이스의 창단 10주년 기념 공연을 영화화한 〈위켄즈〉 감독이며 미디어 업계에서 일한다. 코러스보이, 가람과 함께 무지개집 초기 주축 멤버로, 인터뷰에서도 무지개집의 시작과 진행의 디테일을 꼼꼼하게 이야기하는 전달자였다. 무지개집 공간이 기존 집에서보다 반으로 줄어 많은 책과 DVD를 처분해야 했지만, 2년마다 뛰어오르는 전셋값 걱정에서 벗어나는 건 물론이고 오랫동안 염원하던 퀴어들의 대안주거공간의 꿈을 실현한다는 생각에 입주를 선택했다.

최강(4층) 25세에 상경, 2013년에 즈음해서부터 파트너인 동하와 함께 살았다. 무지개집 '빅3' 중 한 사람인 파트너를 따라 자연스럽게 무지개집에 들어왔다. 아직 주거공동체 문화가 익숙지 않아서 여럿이 같이 밥 먹자는 말도 부담스러울 때가 있다. 오전에는 학원에서 제과제빵을 배우고 늦은 오후부터 밤 11시까지는 일을 하느라 집에는 자정이 되어서야 들어오기 때문에 무지개집에서 보내는 시간이 그렇게 길지는 않다.

가람(4층) 비영리 공익인권변호사단체에서 상근하며 성소수자 인권옹호활동을 하고 있다. 가족구성권연구모임 멤버로도 활동해 무지개집 연구의 사전인터뷰이를 맡아주었다. 2004년부터 친구사이에서 활동했고 한때는 국어교사로 근무하기도 했다. 게이 남성으로, 퀴어활동가로 성소수자 인권운동의 격변기를 지나오며 퀴어타운 프로젝트와 마포구 이웃공동체에도 참여한 당사자이지만 정작 무지개집에 입주할 때는 "어영부영 네네네" 하면서 들어왔다.

디오(4층) 컴퓨터공학을 전공하고 관련 업종에서 일한다. 주로 재택근무를 하기 때문에 무지개집에서 가장 많은 시간을 보내는 사람 중 한 사람이다. 퀴어 주거공동체의 필요성에 공감하고 있었기 때문에 파트너인 가람이 같이 들어가자고 제안했을 때 큰 고민 없이 수락했다. 매일 혼자 점심을 먹었던 예전과 달리 이제는 늘 함께 점심을 먹을 수 있는 식구가 있다.

2014년 11월: 무지개멤버 관심자모임과 함께주택협동조합의 첫 모임. 이후 한 달간 건축과 공동주거에 대한 워크숍 진행.

2014년 12월~2015년 3월: 리모델링을 염두에 두고 마포구의 여러 주택과 빌라를 물색하던 시기.
▶ 합류한 사람들: 연경, 오김, 진석, 현식, 백팩, 킴

새롭게 합류한 사람들

연경(2층) 〈위켄즈〉 조연출을 하며 촬영차 코러스보이의 집에 자주 들렀는데, 마침 그때가 퀴어타운 프로젝트를 하던 시기였다. 자연스럽게 모임에 참여하게 되었고, 그 인연이 이어져서 무지개집까지 함께하게 되었다. 무지개집이 만들어지는 과정을 담은 다큐멘터리 〈무지개 동거동락〉은 그의 감독 데뷔작이다.

오김(2층) 마포구에서 지역운동과 정당운동을 한다. 10년 동안 혼자 살다 보니 복닥복닥하는 집을 찾게 되던 때, 코러스보이에게 무지개집 합류 제안을 받았다. 모임에 참관하며 한발 두 발 들여놓다가 입주를 결정했다. 셰어하우스를 지향하는 2층에 냉장고, 전자렌지가 비치된 것도 이미 살림살이가 많았던 오김 덕. 무지개집에서 큰 행사가 있을 때마다 진행을 도맡는 고정 진행자이다.

진석(2층) 무지개집이 1인 가구를 구하는 거의 마지막 단계에서 코러스보이의 제안을 받고 합류했다. 제안 당시에는 친구사이 상근활동가로 일하며 고시텔에 살고 있었다. 스스로를 개인주의적이면서도 공동체적인 것을 지향하는 성격이라고 설명한다. 기존에 살던 공간에서 탈출하고 싶다는 마음이 컸고, LGBT공동체는 어떨까 궁금증도 생기던 와중에 무지개집 합류를 결정했다.

현식(3층) 조경설계 일을 한다. 현식에게 입주를 제안한 이는 무지개집 입주자 중에도 설계를 좀 아는 사람이 있어야 하지 않겠느냐는 구실을 내세웠다. 경상북도에서 자라 성인이 되어 서울로 온 현식은 정붙일 공간이 없었다. 이 도시에서 문만 열면 마주치는 이웃이 생길 줄은 몰랐다. 그에게 무지개집은 동네와 이웃이 되살아난 곳이다.

백팩(2층) 아버지에게 커밍아웃한 뒤 한동안 갈등을 겪었다. 무지개집이 준공을 앞두고 있던 시점에 아버지와의 관계 회복을 위해서는 떨어져 사는 게 좋을 것이라 판단해 출가를 결정했다. 입주 후에는 현식과 함께 무지개집 1층에 도시락집 '남자가한밥'을 오픈했다.

킴(2층) 동하를 통해 무지개집 이야기를 듣게 되었고 실제로 집을 짓기 시작했다는 소식도 들었는데, 그때만 해도 감히 같이 살 수 있을 거라는 생각은 하지 못했다. 1인 가구를 위한 저렴한 공간이 생기고 거기에 애인인 백팩이 입주하기로 결정하는 모습을 지켜보면서 본가와 무지개집을 오가며 지내야지 했는데 어느덧 동거를 하게 됐다. 백팩의 애인으로서가 아니라 조합원의 한 사람이 되면서 새로운 소속감을 느꼈다.

2015년 4월: 망원동 단층주택 구입
2015년 8월: 공사 시작

2015년 8월 착공식 모습.

2016년 3월: 입주 시작

2016년 4월: 완공 및 준공 인가!

▶ 합류한 사람들: 더지, 인디

(완공 후 합류한 사람들)

더지(5층) 당시 가족구성권연구모임에서 함께한 가람을 통해 무
　　지개집 진행 과정에 대해서 듣고만 있었는데 5층이 공실이
　　되었다는 소식을 듣고 집이나 한번 보자 했던 게 입주로까
　　지 이어졌다. 무지개집 입주 전에는 인디와 함께 신림동 원
　　룸에 살고 있었다. 이사를 가고 싶다고 생각은 했지만 무지
　　개집 5층은 너무 좁다고 여겨져서 처음에는 끌리지 않았다.

하지만 자신들을 꾀기 위해 밥도 사주고 시간도 내주는 코러스보이와 철호를 보며 미안한 마음에 한 번 더 가볍게 놀러 갔다가 너무 즐겁다는 생각에 함께 살기를 결심했다.

인디(5층) 홍보 업계에서 일하다가 퀴어문화축제 사무국 근무를 시작하면서 퀴어커뮤니티와 교류가 많아졌다. 무지개집에서 살지 않겠느냐는 제안을 받고 호기심에 집을 보러 갔다가 무지개집 사람들의 매력을 몸소 느꼈다. 인디는 자신의 입주 결정이 계획적이지 못하고 즉흥적인 평소 성격 때문이었다고 고백한다.

2016년 5월: 무지개집 오픈하우스

사람들을 초대해 처음으로 무지개집을 공개한 오픈하우스 후 2층 식구가 1명 더 늘었다. 이로써 2014년 11월 첫 모임 이후 1년 반 만에 사람 15명 고양이 4마리로 꽉 채워진 5층 무지개집이 탄생한다.

망원동에 자리한 무지개집 전면에는 2개의 대문이 있다. 하나는 건물 내부로, 다른 하나는 야외의 작은 마당으로 통한다. 마당은 넓지 않지만 한강에서 불어오는 바람에 상쾌함을 느끼기에는 충분하다. 마당 한쪽에는 벤치가 놓여 있고, 맞은편에는 동네 길고양이들을 위한 밥그릇, 물그릇이 있다. 벤치 뒤 유리창 너머로는 무지개집 1층 내부가 보이는데, 무지개집 사람들은 이곳을 흥다방이라고 부른다. 이름 그대로 흥이 넘치는 이곳은 무지개집에서 가장 널찍하고 중요한 공용공간이다. 2층부터 5층까지는 다양한 주거공간으로 채워져 있다. 2층과 3층은 셰어하우스 형태로, 2층은 5가구가 방을 제외한 모든 공간을 함께 쓰는 구조이고, 3층은 2가구가 주방과 거실만 공유하는 형태이다. 4층은 2가구가 완전히 분리된 구조이고, 5층은 1가구가 전체를 사용한다. 꼭대기 6층에는 망원동의 하늘과 별을 누릴 수 있는 옥상이 있다.

무지개집이 지금의 모습으로 완성되기까지 수많은 우여곡절이 있었다. 설계도 수없이 바뀌었다. 공간과 공간, 공간들을 잇는 통로, 공간이 포함하고 있는 구조물에 이 집의 의미와 가치를 담아내는 동시에 10가구가 함께 사는 주거공간으로서의 실용적인 기능을 최대한 살리는 과정이 얼마나 복잡하고 소란했을지 상상이 간다. 그렇게 만들어진 공간은 이제 사람들의 일상으로 채워지고 있다. 무지개집이라고 불리는 그 공간의 곳곳을 하나씩 들여다보자.

신발 벗고 들어오세요, 한집에 삽니다

공동주택에서 신발을 벗는 지점은 어디서부터가 '우리 집'인지를 감각하게 한다. 여러 세대가 사는 빌라나 아파트를 떠올려보자. 빌라나 아파트는 건물의 공동출입문을 열고 한참을 걸어가서 호수가 새겨진 현관문을 열고 나서야 신발을 벗는다. 현관문 너머가 '우리 집'이고, 그 현관에 늘상 신발이 놓인 사람들을 대개 '한집에 사는 식구'라고 부른다. 이렇듯 한국의 주거문화에서 신발을 신어야 하는 공적 공간과 맨발이 허용되는 사적 공간의 구분은 뚜렷하다.

무지개집은 어떨까? 이곳에서는 내부로 통하는 대문을 열고 안으로 들어서자마자 신발을 벗어야 한다. 10가구가 사는 5층짜리 건물에서는 특이한 구조다. 이런 구조를 예상하지 못할 손님들을 위해 '실내공간입니다. 신발을 벗고 들어와주세요'라는 안내가 눈에 잘 띄는 곳에 붙어 있다. 신발장을 지나면 온 집이 맨발로 돌아다닐 수 있는 실내공간이다. 자연스럽게 신발을 벗고 집 안으로 들어서는 장소, 무지개집의 1층 신발장은 이렇게 한집에 산다는 감각이 시작되는 공간이다.

현관의 신발장은 함께 사는 이들에게도 외부인들에게도 무지개집이 하나의 공간, 한집이라는 느낌을 주는 흥미로운 장소이다. "한집에 사는 사람들은 익숙한 신발을 보며 안전하고 편안한 공간에 들어왔다"(인디)고 느낀다. 신발만 봐도 누가 집에 있는지 파악이 된다. 외부인에게는 들어가기가 머뭇거려지는 경계의 의미이기도 하다. 예컨대 택배 기사님들에게는 신발장 앞 현관이 배송 물건의 종착지가 된다.

물론 현실적인 문제도 있다. 조금만 방심해도 기하급수적으로 늘어나는 신발들. 지금 신는 신발만 꺼내놓자는 규칙을 만들었지만 1층 현관은 어느새 신발로 가득 차버린다. "누군가 잔소리를 한번 좍 하면 다들 내려가서 후다닥 신발을 치우고 그러다 며칠 지나면 원상 복귀"(동하)되는 식이다. 이러한 규칙을 만들게 된 과정도 기억에 또렷하다. 현관이 너무 혼잡해서 신발을 어떻게 정리할 것인지 토론하는 자리가 있었

실내공간입니다

신발을 벗고
들어와주세요

무지개집은 신발장을 지나면 온 집이 맨발로
돌아다닐 수 있는 실내공간이다.

여기는 무지개집입니다

고, 일괄적으로 1인당 2켤레를 내려놓는 것으로 정하자는 의견이 있었다. 하지만 5층 거주자는 신발을 가지고 왔다 갔다 하는 것이 너무 힘들다고 토로했고, 이를 조정해나가는 과정이 이어졌다. 오김은 이를 무지개집다운 평등과 공정이 실현된 상징적인 순간으로 의미화한다. 상황과 욕구에 맞게 함께 사는 규칙을 조정해나가는 힘은 무지개집의 강점이다.

사람들의 얼굴이 보이는 곳

1층 신발장 정면에 보이는 여닫이문을 열면 나오는 공간은 바로 흥다방이다. 흥다방은 정수기 물을 마시러 내려온 사람, 밥 먹으러 온 사람, 텔레비전을 보러 온 사람, 바깥으로 접한 마당에서 담배를 피우는 사람, 퇴근하는 사람 등 무지개집에 사는 모두가 서로 마주칠 수 있는 유일한 공간이다. 사람들이 자꾸 왔다 갔다 하면 귀찮지 않을까? 킴은 그게 좋다고 한다. 사람들이 오가는 게 재미있고 1층에서 멍하니 텔레비전을 보는 게 좋아서, 킴은 흥다방에서 저녁을 먹고 내내 머물다가 집으로 올라가 씻고 잠자리에 드는 날이 많다.

흥다방은 10가구가 따로 또 같이 거주하는 무지개집에서 함께 살고 있다는 느낌을 직접적으로 경험하게 되는 공간이다. 여기서 함께 회의하고, 영화 보고, 노래 연습도 한다. 망원

©함께주택협동조합

홍다방은 10가구가 따로 또 같이 거주하는
무지개집에서 함께 살고 있다는 느낌을 직접적으로
경험하게 되는 공간이자, 다른 퀴어와 마을 사람들을
초대하는 만남의 장소이기도 하다. 홍다방 전경(위)과
이곳에서 열린 플리마켓 모습(아래).

여기는 무지개집입니다

동 이웃과 번개모임을 하는 공간도 여기다. 연경은 소소한 저녁부터 겨울철 김장까지 다 같이 뭘 만들어 먹을 수 있는 공간이 있는 게 너무 좋단다. 큰 상 3개를 펴면 10가구가 모두 앉을 대가족 상도 차릴 수 있으니 여럿이 함께 밥을 먹기에도 무리가 없다. 빔프로젝터와 대형 스크린, 텔레비전이 있어 세미나실, 영화관으로 사용하기도 한다. 좌식이 불편하다면 흥다방으로 내려오는 계단에 걸터앉으면 된다. 이 다재다능한 공간은 무지개집 사람들의 생활을 풍요롭게 하고, '우리'라는 느낌을 자리잡게 한다. 흥다방이 없었다면 10가구가 모여 산다한들 각자 먹고 출근하고 퇴근해서 잠들기 바쁜 삭막한 공동주택이 되었을 것이다. 같이 산다는 게 별건가?

그 사람의 얼굴이 직접 보이는 장면들이 함께 산다는 느낌을 준다.(가람)

수직마을

누군가는 무지개집이 하나의 공간이라는 데 선뜻 동의하지 않을지도 모르겠다. 무지개집이 오픈되어 있기는 하지만 그렇다고 완전히 오픈되어 있지는 않다는 5층 더지의 말처럼 무지개집에는 확실하게 분리된 공간이 있기 때문이다. 따라서 굳이 찾아가지 않으면 한 달에 한 번 보기도 힘들 수 있다. 더지는 무지개집 구조가 내 집 드나들 듯 오갈 수 있는 공간과 그렇지 않은 공간으로 구분이 엄연하고, 그 때문에 공동주택 하면 으레 우려하는 사생활 보호 또한 잘되는 편이라고 했다. 적당히 오픈되어 있으면서도 적당히 자기 공간에 머물 수도 있어 열림과 닫힘이 보장되는 곳이라는 연경의 말도 무지개집 공간의 공유와 분리 사이 균형을 잘 설명해준다. 공동규칙과 서로에 대한 배려가 있어서이기도 하겠지만, 무지개집의 구조도 한몫하는 것 같다. 무지개집은 5개의 바닥과 5개의 천장이 층층이 쌓여 있는 건물로, 자연스럽게 공간이 여러 구획으로 분리되고 단절되어 있다. 여기에 각 층에는 비밀번호를 눌러야 열리는 문이 있어서 한 번 더 경계를 만든다. 문을 닫으면 엄연히 사적인 공간, 자기(커플)만의 공간이다.

무지개집은 40여 평의 좁은 대지에 가급적 많은 사람이 살 수 있도록 수직적 구조로 지어졌다. 알래스카의 수직마을(200가구가 사는 14층 아파트로, 경찰서, 병원, 우체국 등 공공기관이 입주해 있는 형태)*과 똑같은 형식은 아니지만, 무지개집에 사는 사람들도 이곳을 하나의 수직마을로 느낄 법하다. 모두의 공용주방이자 회의실인 흥다방은 1층에, 세탁실은 1, 3, 4층에, 옥상은 6층에 있으니 계단 오르내리기는 일상이다. 같

---

*   김민주, 〈알래스카 '수직마을'을 아시나요?〉, 《일요신문》, 2015.3.11.

은 거리라도 위아래로 오르내리는 것이 더 힘들기 마련, 층간 물리적·심리적 거리감이 간혹 포착된다. 2층에 사는 진석은 4층까지 올라갔다 내려갔다 하는 게 힘들어서 입주 후 1년 뒤부터는 1층 세탁기를 사용하기 시작했다. 킴은 나중에 기회가 생기더라도 공간이 더 넓은 층으로 이사하지 않고 2층에 계속 붙어 있을 거라고 말한다. 1층이 가깝기 때문이다. 코러스보이는 4층이나 5층 거주자들이 1층에 있는 흥다방에 잘 오지 않는 것 같아 아쉬워한다. 위아래로 떨어져 사는 사람들끼리 한참 왕래가 없을 때면 그저 흔한 아파트 같은 동의 꼭대기층과 저층에 뚝 떨어져 살며 이름도 모르고 지내는 주민들과 다를 바 없다는 생각에 내심 서운함이 생기기도 한다.

서로를 "2층 자기들끼리"라거나 "4층 사람들"처럼 부를 때 각 층은 또 다른 커뮤니티를 이루고 있는 것처럼 보인다. 층마다 주거공간의 구조와 성격 역시 차이가 있다. 입주자들마다 자신의 라이프스타일에 맞게 공간을 설계했다. 5가구가 사는 2층은 셰어하우스로, 각자의 방만 개인공간이고 거실과 부엌, 화장실은 함께 사용한다. 2층의 목적은 처음부터 사회초년생이나 활동가들에게 적은 주거비용으로 안정적인 생활공간을 제공하는 것이었다. 3층 역시 셰어하우스이지만 두 커플이 사는 공간으로 계획했다는 점에서 차이가 있다. 가운데에 큰 공용부엌이 있고 양쪽에 집이 있는 구조다. 한 커플은 개와 함께, 다른 커플은 고양이와 함께 가족을 이루고 있어

3층 게스트룸은 위기 성소수자 청소년이나
급히 공간을 필요로 하는 활동가들이 머물 수
있도록 마련한 공간이다.

서 같이 잘 지내보자고 했었는데 개를 키우는 커플이 사정상 입주하지 못하게 되어 아쉽게도 개와 고양이가 함께 사는 모습은 볼 수 없게 되었다. 현재 3층은 가운데 공용부엌을 중심으로 오른쪽에는 커플, 왼쪽에는 1인 가구가 살고 왼쪽 한편에 게스트룸(쉼터)이 있다. 게스트룸은 위기 성소수자 청소년이나 급히 공간을 필요로 하는 활동가들이 머물 수 있도록 마련한 공간이다. 4층은 2가구가 분리된 공간에 거주한다. 일반 빌라의 401호와 402호를 상상하면 된다. 두 집 모두 커플이 산다는 공통점이 있지만 구조는 매우 다르다. 한 집은 복층 형태로 된 원룸 구조이고, 다른 한 집은 단층에 방과 거실이 구분된 구조이다. 단독으로 사용하는 5층은 커플인 더지와 인디가 함께 살고 있는데, 다른 층에 사는 입주자의 눈에는 독립해서 사는 신혼집 같은 공간으로 보인다.

높은 층일수록 공용공간이 사라지지만 옥상에 이르면 다시 공용공간이다. 누군가는 옥상을 도시의 숨겨진 공간이라고 했다. 옥상에는 으레 옥탑방이나 텃밭이 자리잡는다. 요즘에는 정원을 가꾸거나 카페, 영화관(원주 옥상영화제), 심지어 수영장으로도 활용되며 갈수록 그 용도가 상상을 뛰어넘고 있다. 무지개집 옥상은 어떨까?

집을 짓는 동안 입주자들은 "같이 살게 되면 옥상에 모여서 삼겹살도 구워 먹자"(동하)라고 말하곤 했지만 막상 살아보니 옥상에 가는 일은 드물었다. 6층까지 올라가는 게 생각보다 힘든 일인 데다, 옥상의 역할을 대체하는 공간이 더 가까이 있기 때문이다. 예컨대 삼겹살 파티는 흥다방을, 빨래 건조는 각자의 집 베란다를 이용할 수 있고, 담배는 1층 마당에서 피우는 게 더 편리하다. 옥상은 점점 더 먼 곳이 되고 있다. 그나마 옥상과 가장 가까운 5층 입주자들이 사용하고 있기야 하지만 공용공간이 개인공간처럼 사용되는 건 입주자들에게도 아쉬움이자 고민거리이다. 옥상을 활용하는 여러 아이디어를 논의한 끝에 2018년에는 옥상텃밭 프로젝트로 서울시 사회주택커뮤니티 공모사업에 지원해 기금을 받기도 했다. 옥상텃밭 프로젝트를 하면서 좀 더 자주 올라가게 되었는데, 앞으로 또 어떤 변화가 생길 수 있을지 가장 기대되는 공간이다.

수직마을은 연결된다

실내계단은 모든 집으로 연결되는 통로이자 무지개집을 하나의 공간으로 이어주는 다리 역할을 한다. 사실 시멘트로 만들어진 계단을 실내에 둔다는 건 다소 이질적이기도 하고 실용적 측면에서 보아도 공간을 잡아먹는 일이었다. 그럼에도 불구하고 집 안으로 계단을 들인 건 서로의 집을 쉽게 왕래할 수 있으면 좋겠다는 생각이 확고했기 때문이다. 연경과 동하는 맨발로 서로의 집을 자유롭게 돌아다니면서 이 집 가서 뭐 빌리고 저 집 가서 밥 먹고, 고양이도 가끔 보러 갈 수 있게 하고 싶었다고 했다. 사는 공간을 양보해서 만든 실내계단을 통해 입주자들은 이 집 저 집을 조금 더 편안하고 친근하게 오간다.

아파트나 빌라의 갑갑한 계단실과 달리 계단을 오르내리는 동안에도 거리의 풍경이 보이는 무지개집 실내계단은 개방감과 쾌적함을 느끼게 한다. 계단을 따라 벽에 포스터나 사진을 걸어두면 꽤 괜찮은 전시공간이 되기도 한다. 실내계단은 또한 고양이들의 외출 장소이기도 하다. 계단을 놀이터 삼아 오르락내리락하거나 계단에 걸터앉아 창밖을 내다보는 고양이들의 모습은 어느새 무지개집의 평화로움을 상징하는 한 장면이 되었다.

실내계단은 1층에서 옥상까지 오갈 수 있는 유일한 통로다. 5층 건물이지만 엘리베이터는 없다. 엘리베이터가 있으면 계단을 오가며 마주칠 기회마저 줄어들기 때문에 오히려 없는 편이 낫다고 말하는 건축가들도 있다. 무지개집 입주자들의 생각은 어떨까? 시멘트로 만들어진 계단이라 무릎이 아프다는 당장의 불편은 물론이고 나이 든 사람이나 장애인의 방문을 어렵게 만드는 문제를 지적하는 이도 있었다. 누군가의 입주나 방문을 제한할 수 있다는 점은 아쉬움이 남는 부분이다.

각 세대의 방문에는 출입을 통제하는 도어록이 있지만

공사 중이던 무지개집의 모습.
창을 달기 전의 모습으로, 실내계단이
어떤 식으로 만들어져 있는지가 외부에서도
잘 보인다. 계단을 오르내리는 동안에도
거리의 풍경이 보이게끔 설계됐다.

재미있게도 비밀번호가 모두 같다. 설치 당시 설정된 초기 비밀번호를 아무도 바꾸지 않은 것이다. 무지개집에서는 밖에 있는 사람이 집에 있는 누군가에게 자신의 집에 들어가 뭔가를 봐달라고 부탁하거나 남는 식재료를 일단 위층 냉장고에 넣어놓고는 문자로 알려주는 게 일상이다. 서로를 신뢰하기 때문인지, 편리함 때문인지, 그저 단순한 귀찮음 때문인지는 불분명하다. 어쨌건 똑같은 번호로 열리는 문은 사적인 공간들까지도 느슨하게 연결해주는 역할을 한다.

집집마다 있는 베란다는 분리된 공간인 각 세대 사이에 부분적인 연결성을 만들어낸다. 4층과 5층 3가구 3개 베란다는 서로 거의 연결되어 있다시피 한 특이하고 재미있는 공간이다. 늦게까지 일하는 날 새벽, 잠시 베란다에 나갔다가 누군가와 마주치는 일이 종종 있다. 그러면 함께 담배를 피우기도 하고, 원고 마감 때문에 못 자고 있다는 잡담을 나누기도 하면서 잠을 쫓는다. 베란다에서 우연히 다른 층 사람을 마주쳐 서로 "잡소리 주고받을 때"(가람)면 다 같이 살고 있다는 감각이 유난히 강하게 느껴진단다. 2층 셰어하우스에 거주하는 연경은 늦은 밤 베란다에 나갈 때면 다른 사람 방에 불이 켜져 있나 살펴본다. 누구는 오늘도 늦는구나, 누구는 오랜만에 일찍 들어왔네. 바쁜 일상으로 서로 마주치지 못한 날이면 베란다에서 불 켜진 창을 바라보는 것만으로도 반가운 마음이 들 것 같다.

무지개집 곳곳을 오가며 머무는
고양이들의 모습은 어느새 무지개집의
평화로움을 상징하는 한 장면이 되었다.

공간은 살아 있다

퀴어공동체의 대안적 주거공간으로서 무지개집이 갖는 의미도 중요하지만, 실제로 그곳에서 생활하는 사람들은 무지개집의 구조, 외관과 같이 공간의 물리적 특성 또한 "생각보다 중요한"(더지) 요소라고 말한다. 가람에게도 이는 굉장히 중요했다. 밝은 집, 환기가 잘되는 집, 마당 있는 집이라는 점이 너무너무 좋았단다. 만약 이 정도가 아니었다면 무지개집에 입주하지 않았을 정도로. 이처럼 무지개집의 협소함이나 몇몇 하자에도 불구하고 대부분의 입주자는 물리적인 공간 자체에 만족감을 드러냈다. 볕이 잘 들고 환기가 잘되는 구조, 야외공간, '힙한' 망원동에서 이 세련된 집에 산다는 자부심, 수납장이 잘 짜여 있다는 점 등 입주자들이 열거하는 장점은 다양하고 구체적이다. 더지는 햇빛이 쨍쨍 내리쬐는 날 옥상에 수건을 널 때의 소소한 행복감을 예로 들면서 무지개집이라는 물리적인 공간으로서의 집이 때로 "눈물 나게" 좋다고 표현했다.

"베란다를 가지는 것은 로망"이었다고 말하는 오김 또한 베란다가 없었으면 이 집에 사는 게 힘들었을 것 같다고 고백한다. 그 로망이 실현되기까지의 과정은 결코 순탄하지 않았는데, 무엇보다 까다로운 건축법이 문제였다. 건물의 모든 모서리에 있는 베란다는 불안정한 느낌 때문에 건축법상 허가를 받지 못할 수도 있다는 우려에도 불구하고 입주자들의 적극적인 주장으로 만든 것이다. 어렵사리 사수한 것이지만 불필요하다고 생각하는 입주자도 있다. 백팩은 자신의 방이 "테라스[베란다]만 빼면 다 좋은" 구조라고 말했다. 잘 쓰지 않는 베란다가 있는 것보다 방이 조금이라도 더 넓은 게 실용적이라는 생각 때문이다. 대부분의 입주자들은 빨래를 널거나, 식물을 키우거나, 흡연하는 장소로 베란다를 활용한다. 무엇보다 베란다로 통하는 큰 창은 전망은 물론이고 환기와 채광에도 좋아서 이 집이 "정말 살 만하다"고 느끼게 하는 중요한 요소이다.

한편, 불만족스러운 부분도 없지 않았다. 비가 새는 문제는 모두가 한 번씩 언급한 문제였다. 방바닥에 갈라진 부분이 있다거나 바닥을 코팅할 때 먼지나 부스러기가 제대로 제거되지 않아서 지저분해 보이는 것 등 전체적인 만듦새가 아쉽다는 점도 지적되었다. 무지개집이 생각보다 쾌적하지 않다고 말하는 사람도 있다. 그래도 이 집과 공간이 마음에 든다고 말하는 이유는 모두가 자신의 생활패턴은 물론이고 함께 사는 고양이까지도 고려하며 고민한 결과이기 때문일 것이다. "유년 시절의 집은 나를 위해 만들어진 집이 아니고, 나에게 주어진 방은 있었지만 내가 중심이 되어 운영되는 곳이 아니"(더지)었다면, 무지개집은 정확히 그 반대였다.

매일을 사는 공간에서 물리적인 만족감을 느낄 수 있느

냐는 생각보다 중요한 문제다. 무지개집 사람들은 나름의 생활패턴에 맞추어 자기의 공간을 설계한 다음에도 한동안은 그러한 공간과 실랑이하며 합을 맞추기 위해 애썼다. 집은 생명체와 같아서 짓는다고 끝나는 게 아니라 존재하는 내내 돌봄과 교감이 필요한 곳이라고 한다. 좁으면서도 넓고 열려 있는 듯하면서도 닫혀 있는 이 공간을 누리기 위한 무지개집 사람들의 노력은 지금도 계속되고 있다.

③
서로의 집이 되는
사람들

무지개집에서는 모두가 작은 공간을 차지하고 산다. '내 집'이라고 말할 수 있는 공간은 작게는 3평에서 크게는 10평 남짓, 그래서 "우리는 똑같이 좁은 집에 산다"(코러스보이)는 공통점이 생겼다고도 말한다. 좁은 공간은 때로 "테이블만 한 방"(가람), "코딱지만 한 집"(더지)이라고 표현되기도 한다. 좁은 공간에 대한 입주자들의 리얼한 평가를 들어보자.

집 지을 때는 훨씬 좋을 줄 알았지! 어, 이 집은 너무 좋고, 예쁠 것 같고, 구조도 너무 좋을 것 같고…… 그럴 줄 알았지, 설계도를 봤을 때는. 현실이 이럴 줄은 몰랐지, 진짜. 너무 작고. 가족구성권연구모임에서 내가 맨날 막 [이렇게 말하잖아.] "이 테이블만 한 게 우리 거실이라고! 이게 말이 되냐고. 테이블만 하다고! 화장실 [크기도] 장난 아니라고!"
(가람)

고양이가 잘 적응할까 이런 생각 했던 것 같아요. 왜냐하면
그전에 제가 살던 집들은 여기보다 넓었고 고양이가 되게
편하게 잘 살았는데. 너무 좁아서 답답하지 않을까, 그런 걱
정. (코러스보이)

처음에 왜 저기 딱 문을 열고 들어오면 복도는 되게 좋잖아
요. 오~ 이렇게. 근데 딱 들어왔는데 공간이 요만한 거예요.
우리가 이사하려고 했던 이유가 집이 좁아서인데 더 좁은
거예요. 그래서 속으로 미친 거 아니야? (웃음) 아니 이런 집
을. (인디)

한편, 2층 셰어하우스에 사는 오김은 자신의 공간이 좁다
고 생각하지 않았다. 화장실과 부엌이 따로 있으니 방이 3평
남짓해도 침대, 책상과 책장, 옷장만 두면 된다는 것이다. 작
은 베란다가 있어서 갑갑하지 않다고도 말했다. 오김이 자신
의 방을 좁게 느끼지 않는 건 살림살이를 충분히 수용할 수 있
기 때문만은 아니었다. 2층의 공용거실, 1층과 4층의 세탁실,
1층의 홍다방과 부엌, 흡연 가능한 야외공간, 옥상까지 모두
자유롭게 사용할 수 있기에 좁은 집에 산다고 느낄 이유가 없

었다.

연경의 생각도 비슷했다. 예전에 살던 집은 공간도 좁은
데다 얹혀산 것이었기 때문에 거실을 사용하는 데도 눈치가
보였다. 또한 빌라나 다가구주택에서는 세입자가 옥상을 사
용하지 못하도록 하는 곳도 많다. 무지개집은 각자가 점유하
는 공간은 작을지라도 향유할 수 있는 공용공간은 넓다. 세탁
실은 4층, 옥상은 그 위에, 2층 부엌이 좁으면 1층 부엌을 사
용할 수 있다. 2층 거실이나 1층 흥다방은 여러 사람이 모일
수 있는 공간을 제공하고, 1층의 작은 마당에서 잡담을 나눌
수도 있다. 무지개집에 마련된 공용공간을 어떻게 인식하느
냐에 따라 생활공간에 대한 감각은 크게 차이가 난다.

사람들이 공간을 인식할 때 다 자기 공간만을 자기 공간이
라고 생각하지 공용공간을 내 공간이라고 생각하지 않아
요. 여기도 사람마다 다 차이가 있어서 이 공간을 자기 공간
으로 생각하는 사람이 있고 아닌 사람이 있고 다 공간 인식
이 달라요. [공용공간도] 내 공간이라고 인식하는 사람들은
이 집이 넓다고 생각하고, 자기 집만 자기 공간이라고 생각
하는 사람들은 이 집이 너무 좁고, 그 차이가 있고. 도덕성이
되게 강하고 성실하고 이런 규범이 강한 사람들은 이 공간
이 자기 공간이라고 생각하지 않아도 청소를 성실하게 수행
하고, 자기 공간이라고 인식하기는 하지만 공용공간이라고

인식하기 때문에 더 더럽게 쓰기도 하고. (오김)

오김은 협동조합 주택에서 사적 공간은 최소화하고 공용 면적을 최대한 늘려야 공동체주택의 이점을 끌어낼 수 있다고 설명한다. 문제는 사람들이 공용공간을 자신의 공간이라고 생각하지 않는다는 것이다. 무지개집에서도 사람마다 차이가 있다. 공용공간까지 자기 공간이라고 인식하는 사람에게는 무지개집이 넓다. 하지만 자기 집만 자기 공간이라고 생각하는 사람에게는 이 집이 너무 좁을 수도 있다.

처음에 불만들이 많았어요. 쟤는 왜 이 집에 관심이 없지? 다 같이 공동으로 조금씩 돈을 내고, 조합에 출자를 해서 들어왔으니까 다들 자기 집인데, 사람마다 주인 의식이 차이가 있는 거예요. 예를 들어서 입주 전에 다 같이 모여서 가구 사포질을 해야 하는데 모이는 애들은 정해져 있고, 늘 일하는 사람만 하고요. 약간 실망스러운 부분이었어요. (코러스보이)

거주자들이 소유한 것은 아니지만 어디까지나 거주자들을 위해 만들어진 집이었다. 벽에 못 박지 말라고 주의를 주는 '주인집'도 없었다. 무지개집은 거주자들에게 지금까지 살아왔던 집과는 다른, 가져본 적 없는 새로운 소유 관념과 책임을 요구했다. 코러스보이의 표현대로 "주인 의식"일 수도 있고 또 다른 무언가일 수도 있을 것이다. 내 것이기 때문에 공을 들이기도, 내 것이기 때문에 소홀하기도 했다. 소유와 공유가 뒤엉킨 집을 대하는 각자의 움직임이 하나의 마음에서 비롯된 것처럼 같을 수는 없었다.

너희가 공동생활을 알아?

6명이 5개의 방에 나눠 살며 부엌, 거실, 화장실, 냉장고 등을 공유하는 2층 셰어하우스. 커플도 함께 살다 보면 살림을 두고 서로 싸우고 잔소리하는 일이 허다한데, 남과 생활공간을 나눠 쓰는 건 어떤 일일까. 어느 정도의 긴장을 예상하며 나름의 결심들로 함께 모인 2층의 6명은 한편으로는 복작복작 시트콤 같은 일상을 기대하기도 했다.

공감대와 신뢰가 주는 안전함과 편안함의 다른 한쪽에는 차이와 긴장의 세계가 기다리고 있었다. 각자가 수십 년 이상 묵혀온 습관만큼이나 완벽한 차이도 없다는 걸 실감하는 나날이었다. 2층 사람들은 누가 화장실에서 휴지를 과하게 쓰고 누가 방문을 쾅쾅 닫는지까지 서로를 속속들이 안다. 6명이 한 층에 모여 있으니 다른 층과는 또 다른 강도의 공동생활이 펼쳐진다. 돌아가면서 청소를 하지만 어떨 때는 깨끗하고 어떨 때는 이 집에 당번이 존재하기나 하는지 의문이 들 만큼 지저분하다. 월 1회 진행하는 2층 거주자 회의의 핵심 주제는 청소 점검과 자기반성이다. 바닥은 닦은 것 같은데 냉장고에 말라붙은 소스 자국은 그대로다. 누구에게는 보이고 누구에게는 보이지 않는 얼룩이었다. 누구에게는 코를 찌르지만 누구에게는 코끝도 스치지 않는 냄새였다. 가르쳐서 될 일이 아니었다. 킴은 청소에 영 관심이 없고 잘 못한다고 스스로 고백했다. 비난보다는 방법을 찾기로 하고 결국 각자 자주 사용하거나 좋아하는 장소, 무난히 소화할 수 있는 작업을 선택해 분담하기로 했다. 이 방법은 효과가 있었다.

처음에 2층 살면서 룰이 진짜 많고, 솔직히 2층이 보통보다도 훨씬 깨끗한 기준을 가진 사람이 다수 있어요. 처음에는 좀 무서웠는데. 만약 나랑 백팩이랑 둘이서 2층을 쓴다고 하면 저…… 그러니까, 너~무 지저분해질 것 같아요. 저 사람들 덕분에 그래도 여기가 깨끗하고 이 상태를 유지한다고 생각이 들고요. (킴)

살림은 성별과 나이의 문제로 여겨지기도 했다. 이 집에서 밥을 해 먹고 그럭저럭 살림을 해내는 이들은 30대 초중반의 여자 셋이었고, 밥을 사 먹거나 청소에 대한 감각이 없는 건 20대 중후반의 게이커플이었다. 또 다른 게이 한 사람은

남들에게 피해 주는 것을 극도로 싫어해 공용공간을 최소한
으로만 사용하는 초식 미니멀리스트였다. 텔레비전에 나오는
살림꾼 게이들은 왜 무지개집 2층에는 없었던 걸까. 산전수전
다 겪은 독립적인 여성들에게 게이 동생들은 초보 공동생활
자로만 보였다. '너희가 남자라서'라는 이야기를 대놓고 할 수
는 없었지만 여자 셋이 모이면 그다지 비밀스러운 얘기도 아
니었다.

　한편, 요리하는 여자 셋은 냉장고 싸움이 치열했다. 자신
의 음식에 이름표를 붙이기로 했고, 이름표를 붙이지 않은 건
누가 먹어도 상관없는 것으로 약속했다. 종종 잘 먹었다는 메
시지가 단톡방에 떴다. 냉장고가 비좁기에 한 줌 남은 반찬을
커다란 반찬통에 보관하는 것과 같은 일은 해선 안 될 일이었
다. 소금 같은 기본적인 양념을 각자 가지고 있는 건 공간과
재료 낭비이므로 공유하기도 했다. 이따금 귀한 양념이 너무
많이 줄어 있으면 사놓은 이는 조금 날카로워져서 우는소리
를 했다. 이쯤 되면 성격 왜 저러냐, 같이 쓰자고 하지 않았느
냐, 그럼 첨부터 손대지 말라고 정하든가, 라는 날 선 뒷말이
나올 법도 하지만 사람들은 다만 조금 더 유의하기로 할 뿐이
었다.

　각자가 다르게 불편해하는 구석도 있었다. 수저통에 칼
을 꽂아두는 건 싫다, 문을 쾅쾅 닫는 게 싫다, 싱크대에 물기
가 남아 있는 게 싫다, 샤워기를 제자리에 꽂아놓아라 등 불

<무지개하우스 입주자 생활규칙 Ver.20150409>

1. 계단 및 공동청소
- 시설위에서 결정한 평등한 방법으로 성실히 시행한다

2. 쓰레기 수거 장소 및 관리 (망원동 회옥,일 일몰후)
- 각 가구별로 (2층은 전체) 정해진 요일에 집 앞이 아닌 대로변에 모아 둔다

3. 게스트, 가족이나 애인 숙박 규칙.
- 3일 초과 숙박시 각 가구(2층은 전체) 회의로 결정하고 다른 의의 동의를 구한다.
- 3일 이하 숙박시 전체가 알 수 있게 고지한다.
- 반려동물 입양이나 임시보호시 전체가 알 수 있게 고지한다.(2층은 불가하다)

4. 세탁실 설치 및 사용 규정

무지개집 곳곳에는 공동생활규칙이 붙어 있다.

©경향신문

편 사항은 가지각색이다. 그러나 이런 이야기를 들을 때도 무지개집 사람들은 그게 왜 싫은지 합리적인 이유를 따지기보다 그저 누군가 불편하다고 말하는 행동을 하지 않도록 주의하는 데 집중했다. 연애의 지속 가능성도 좋아하는 백 가지를 주는 것보다 싫어하는 단 한 가지를 하지 않는 데 있다고 하지 않던가.

청소, 소음 예절, 이런 것들이 굉장히 다르죠. 꼼꼼하게 논의하지 않으면 같이 살기 힘들 거예요. [무지개집 입주 전까지] 저는 혼자 살았고 습관 자체가 아파트 같은 데 잘 안 살아봐서 쿵쿵거리고 다니고 문도 쾅쾅 닫고 그런 사람이란 말이에요. 같이 사는 친구들 중 하나가 제가 화가 난 줄 알았대요. 그냥 평소대로 열심히 다닌 건데. 저 사람은 화가 났고 자기한테 불만이 있다는 오해가 있었던 거예요. 그다음부터는 살금살금 다니고 조심하게 되고, 문 닫는 것도 조용조용 닫게 되고. 그런 얘기를 안 나눴다면 같이 살기 어려웠겠죠. (오김)

일찍 자고 일찍 일어나 매일 108배를 하는 2층 거주자 진석은 밤에 거실에서 들려오는 이야기 소리 때문에 숙면에 들지 못해 힘들어했다. 그러나 힘들다는 말을 꺼내기가 그렇게 어려웠단다. '이건 좀 이렇게 하자'고 일상적으로 툭툭 말하는 성정도 아니었다. 속앓이만 하던 진석은 어느 날 회의에서 이렇게 말을 꺼냈다. "숙면이 어려우면 이 집을 나갈 생각이다." 호미로 막을 것을 가래로 막으려고 한 셈이었지만 다행히 고백은 성공적이었다. 그날 이후 자정이 지나도록 거실에서 떠드는 사람은 없었다.

제가 2층 회의 구경했을 때 너무너무 재미있었거든요. 너무 웃겼던 게 누가 똥을 싸고 휴지를 많이 쓰는지까지 얘기하고. 그게 돈독해 보이고 여기는 공동생활이 차원이 다르구나를 느꼈거든요. 몇 시에는 거실 불을 끄자는 규칙을 얘기

하고. (더지)

연경은 타인의 감정에 너무 민감하다 보면 괜한 눈치를 보게 되거나 부르르 화를 내기 마련이라며 잘할 때도 있고 못할 때도 있는 게 사람이고, 어떤 사람의 무/반응에 대한 마음의 출렁임을 최소화하려고 노력하는 게 함께 살기에서 중요한 일이라고 말했다. 2층 식구들은 이렇게 같이 살기를 배워나가고 있었다. 그들은 무지개집 3, 4, 5층 커플 가구를 향해 외친다. 너희가 공동생활을 아냐고!

1년 내내 공사 중

입주 후 맞닥뜨린 뜻밖의 문제는 생활하면서야 발견하게 되는 건물 곳곳의 하자들이었다. 좁은 공간에 설치된 붙박이장에 부딪치거나 복층으로 올라가는 사다리에서 천장에 머리를 두어 번 박고 소리조차 나오지 않는 고통에 몸부림치기도 했고, 집들이에 온 손님이 모서리에 팔뚝을 긁히는 일도 있었다. 어떤 벽에서는 박혀 있어야 할 못이 점점 튀어나오고 있었다. 시공자에게 연락했더니 뽑으면 된다는 답이 돌아올 뿐이다. 그러면 집 무너지는 거 아니에요? 걱정이 앞선다. 어느 날은 갑자기 내린 비에 창 안쪽으로 비가 다 샜다. 고인 물을 닦아내며 이놈의 집은 왜 이러냐고 허공에 욕을 했다. 건식으로 쓰기로 해 타일 시공을 하지 않은 화장실 벽은 다 젖어 곧 썩을 것 같다. 결국은 타일 시공이 해결책이라 하니 하수관이 연결된 라인별로 각 2주씩 공사를 진행하기로 했다. 공사 일정에 따라 거주자 몇몇은 며칠 동안 바깥 생활을 했다. 임시 거처였던 레지던스의 침실과 화장실이 얼마나 넓었는지 새삼 무지개집의 협소함을 다시 한번 느꼈다는 게 거주자들의 공통적인 반응이었다.

천둥 번개와 함께 폭우가 내렸다. 새집에 물난리가 날 줄은 몰랐다. 3분의 1 지층인 흥다방에 물이 차기 시작했다. 외부 지면이 더 높고 땅속에 균열이 있어 비가 새어 들어오고 있었던 것이다. 새집에 물이 차다니. 황망해진 거주자들은 쌍욕을 하면서 바가지와 대야를 가져와 물을 퍼내기 시작했다. 집은 아파트처럼 네모반듯하게 표준적으로 지어야 한다며 다시는 집을 짓지 말자는 말도 했다. 함께주택협동조합의 이사장, 설계자, 시공자의 이름이 난무했다. 누구든 원망할 대상이 필요했다.

하지만 아이러니하게도 철호는 이 물 퍼내던 날을 '무지개집에 살아서 좋았던 날' 중 하나로 꼽는다. 욕을 제일 많이 한 사람이 철호였는데. 흥다방에 물이 찼다는 소식에 거주자 너도나도 내려와 물을 퍼내고 있으니, 웃기기도 하면서 든든했다고.

이 집에 들어와서 제일 좋았던 기억은 홍다방 물난리 나가지고 애들 다 뛰어 내려오는데, '와~ 이들이 있어서 좋다'. 욕도 하긴 했지, 집 지은 모든 사람들한테. 걸레 짜내고, 허탈하게 웃음 지으면서 힘 빠지지 않고 웃으면서 있었던 그 기억. 아, 이런 사람들과 살고 있구나. (철호)

거주자들은 이후 일기예보에 민감해졌다. 비가 오면 오는 족족 무지개집 어딘가에서는 비가 새거나 창틀 주변이 젖었다. 한낮에 집에 돌아온 어느 날, 더지는 3층부터 1층까지 계단 전체에 물이 흘러 있는 걸 발견했다. 3층 창틀에 고인 빗물이 1층까지 흘러내린 것이다. 걸레로 닦고 대야에 짜냈다. 거주자 단톡방에 인증샷도 빠뜨리지 않았다. 더지는 이날을 '내가 이 집을 위해 무언가를 한 날'로 기억한다. 댐에 난 구멍을 온몸으로 막아 마을을 구한 양 말이다.

문제가 발견될 때마다 무지개집은 크고 작은 공사를 했다. 창틀에 구멍을 뚫어 빗물이 밖으로 빠지도록 했고, 1층 외부공간은 땅을 다시 고르고 방수 공사를 했다. 무지개집의 초반 1년은 내내 공사 중이었다. 일터에 있는 동안 갑자기 소나기라도 내리면 마음이 불안해지곤 했지만 다행히도 15명 중 누군가는 집에 있기 마련이었고, 집에 있는 사람은 알아서 단톡방에 "집에 창문 열고 나가신 분 닫아드리겠다"며 건물의 문이란 문을 다 점검했다. 네모반듯하게 지은 아파트도 하자가 있고 누수나 결로 등 어느 집이나 골칫거리 하나씩은 있다고 하지 않는가. 무지개집 사람들은 그래도 함께하니까, 괜찮았다. 그리고 몇 년이 지난 지금, 집 안 곳곳 사는 이들의 손길이 닿고 나자 비가 새는 일은 완전히 사라졌다. 물난리는 새로운 입주자들에게 무용담처럼 전해지고 있다.

무지개집에서 시도된 또 다른 도전

무지개집 1층에는 작은 임대공간이 있다. 이 공간의 쓰임새에 대해 몇 차례 회의가 이어졌다. 주변 인권단체가 사용할 수 있도록 사무실이나 회의실로 내주자는 의견도 있었지만, 늦은 밤까지 사람들의 왕래가 잦을 단체 사무실이 주거공간과 공존할 수 있을지 고민이 깊었다. 그러던 와중, 백팩과 함께 무지개집이 들어설 망원동 일대를 둘러보던 현식이 무심코 떡밥을 던졌다. 자기 자신과 백팩에게. "사업을 해볼까? 1층에서 뭐라도 해볼 수 있을까?" 직장생활에서 오는 권태와 삶의 고단함이 적지 않을 때였다.

그렇게 1층은 현식이 '무언가를 할' 공간으로 정해졌다. 현식은 '무언가'를 하기로 결심하고 나서는 바로 회사를 그만두었다. 성인용품점, 샐러드가게 등 여러 가지를 고민하던 현식과 백팩의 그 '무언가'는 도시락가게로 정해졌다. 주위 사람

KBS 뉴스에 등장한 남자가한밥.

들의 반응이 썩 달갑진 않았다. "네가 밥을 한다고?" "너 멸치
볶음은 할 줄 아니?" "회사까지 관뒀는데 어떡해" "우리가 매
일 사 먹어줄 수도 없고……" 현식은 한쪽 귀로 흘려듣고, 사
람들이 삼삼오오 모일 때마다 도시락을 싸 나르며 열심히 피
드백을 받았다.

　현식, 백팩 두 초짜 사장은 그렇게 도시락집 남자가한밥
을 오픈했다. 이름도 썩 잘 지었다. 게이도 남자란다. 유니폼
을 맞춰 입고 망원역 앞에서 홍보 전단도 돌렸다. 자전거로 수
레를 끌며 망원시장에서 재료를 공수해 도시락을 만들고 배
달도 했다.

백팩의 아버지는 아직도 어린아이로만 보이는 아들에게 '나가서 얼마나 잘 살겠나, 힘들면 들어오라'고 했단다. 그런 백팩이 "혼밥족에게 건강한 도시락을 파는" 사장님이 되어 텔레비전에 나타났다.* 그렇게 아버지는 아들의 첫 단독 비행을 보았다. 아들의 커밍아웃에 걱정이 컸던 건 혹시 인생이 잘못될까 싶어서였으니, 잘 살고 있는 모습을 본 아버지는 더 이상 푸념하지 않았다. 관계 또한 좋아졌다.

집을 나오고 제가 이제 제 일을 하면서, 이렇게 뉴스에 나오는 것도 아빠가 보시면서, 아빠한테는 처음 보는 아들 모습인 거예요. 자기 일을 해나가는 것도 신기하고. 그래서 좀 들었던 생각이, 커밍아웃했을 때 아빠가 가졌던 나에 대한 걱정이, 내 인생이 잘못된다고 생각해서였던 게 아닐까. 지금은 제 정체성에 대해서는 걱정하지 않고, 어쨌든 얘가 엇나가지 않고 잘 지내고 있구나 하는 믿음이 생겼나봐요. 그래서 요즘에 오히려 관계는 더 좋아요. (백팩)

한편, 5층 인디가 다니던 홍보 회사를 그만두었을 때였다. 멀쩡하게 일하던 샐러리맨도 대책 없이 놀고 싶을 때가 있

---

* 김지선, 〈"한 끼라도 제대로"······혼밥족도 '건강 식단' 인기〉, KBS경인《뉴스광장》, 2017.5.1.

지 않은가. 회사를 나온 인디는 창업 2년 차를 맞은 남자가한밥 사장님들의 러브콜을 받았다. 처음에는 홍보만 좀 도와줄까 하다가 조리 보조와 도시락 배달에도 손을 보탰다. 만만찮은 아르바이트였다. 종종 이웃의 퀴어들도 남자가한밥에 일손을 보탰다. 직원들이 밥을 굶는 일은 없었다. 인디는 "무지개집에 살지 않았다면 내가 감히 직장을 그만둘 수 있었을까"라고 회고한다. 그냥 이 집에 살면 뭘 해도, 뭘 안 해도 다 괜찮을 것 같았다고.

시작이 환영 일색은 아니었지만 남자가한밥은 점차 거주자들의 사랑을 받게 되었다. 가람은 주저 없이 남자가한밥을 무지개집의 백미로 꼽는다. 바쁜 일상의 피로감 속에서도 1층에 내려와 두 사장님, 그리고 재택근무를 하는 애인 디오와 함께 수다를 떨면서 밥을 먹는 소소하지만 즐거운 일상이 생겨났기 때문이다. 외식과 배달음식, 밥상 차리기에 지친 무지개집 사람들은 이따금 남자가한밥을 이용했다. 망원역에 위치한 무지개의원에서 일하는 코러스보이는 점심마다 열심히 도시락을 주문했다. 현식과 백팩이 초췌해진 얼굴로 하루 장사를 정리할 즈음이면 거주자들은 하나둘씩 퇴근해 집으로 돌아온다. 가방만 내려놓은 채 1층에 둘러앉아 장사하고 남은 두부시금치무침을 안주 삼아 소주 한잔 꺾으며 망원동 사람들의 입맛을 탐구하는 일상. 찌개를 하나 끓여 앉은 코러스보이는 오늘도 점심 때 먹은 도시락 피드백에 열심이다. 현식은 지치지도 않는지 열심히 듣고 고개를 끄덕인다.

남자가한밥은 확실히 무지개집에 일자리 창출을 실현한 동시에 주상복합의 이점을 선사했다. 거주자들의 공유식탁이기도 했다. 현식은 전에는 생각해보지 않은 새로운 시도를 한 자신에게 놀랐다. 무지개집의 초기 설계도를 봤을 때만 해도 "미쳤어요? 고시원이에요? 안 들어간다!"라고 했다는 그다. 그런 현식이 다른 곳에서 다른 사람들과 다르게 살기 시작하자 다른 도전을 하게 되었다. 현식은 계속 회사에 다녔다면 후회했을 거라고 말한다. 그런데 계산기를 두드려보니 지금은 다른 종류의 후회를 하고 있긴 하단다. 제과제빵을 배우고 있는 4층 강이는 직접 만든 빵을 돌렸다. 밀가루 맛이 조금 난다. 그래도 도전해라, 무지개들아.

우리 퀴어 맞아

거주자 회의가 있는 날이다. 사람들이 하나둘 흥다방으로 내려온다. 다이어트를 한다고 닭가슴살을 주문한 현식은 삼시 세끼 다 먹고 그거까지 먹으면 어떻게 살을 빼냐는 누군가의 핀잔에 "닭가슴살을 먹어야 빠진다잖아!"라고 하이톤을 쏜다. 킴은 오늘도 애인 백팩의 여기저기를 만지고 있다. 철호는 오늘도 "인디~ 너무 소년 같아, 잘생긴 소년"이라며 부치

2층 공용거실에 모인 무지개집 사람들.

와 게이 사이의 건널 수 없는 강을 건너본다. 이러니 오랜만에 퀴어들 같다. 다른 차이들에 분투하는 공동생활을 하다 보니 가끔 여기가 '무지개'집이라는 사실을 잊게 되기도 하는 것이다.

　한번은 안전을 위해 소방서에 출장 교육을 요청했다. 50대 정도의 넉살 좋은 소방관 한 분이 오셨다. 실전보다는 전반적인 매뉴얼 교육이 진행되는 가운데, 소방관님 생각에는 이쯤에서 유머를 날려줘야 할 것 같았는지 "인공호흡은 이성끼리 하면 좀 그러니까 동성끼리~"라는 농담을 던졌다. 목숨 앞에서 성별을 찾는 데 대한 황당함과 서로의 눈을 마주치는 게

이들의 눈빛을 보고 모두가 빵 터져버렸다. 우리가 웃는 이유를 절대 모르겠구나, 생각하면서. 이러니 퀴어들 같다.

　게이 거주자들 중에는 알고 보니 수년 전 사귀었다 헤어진 일명 '엑스' 사이인 이들도 있었다. 현식을 만나러 놀러 온 한 친구가 2층 거주자의 전 남친이었다는 말을 듣고 더지는 생각했다. 나의 엑스나 내 파트너의 엑스와 같은 지붕 아래 있을 수 있단 말인가? 종종 게이 거주자들이 들려주는 이야기에 귀가 쫑긋하기도 한다. 연애는 안 해도 알아서들 자고 다니는 얘기, 번개에서 있었던 일 등 20대부터 40대까지 요즘 게이들의 활동 반경을 알 수 있다. 40대 후반 '언니' 코러스보이는 90년대 종로의 풍경도 이야기해준다.

　코러스보이는 무지개집에 게이들만 살았으면 어쩔 뻔했느냐고 말한다. 무지개집의 시초가 게이인권단체 친구사이의 '게이섬 프로젝트'였으니 그럴 가능성도 충분히 있었지만, 퀴어타운 프로젝트로 나아가면서 다양한 구성원들을 환대하게 됐다. 다양한 세대가 함께 산다는 것도 마찬가지다. 막내와 최고령이 스무 살 차이가 나니 다양한 에너지가 섞여든다. '우리는 같은 퀴어'라는 건 어쩌면 틀린 말일 수 있다. 사람들이 모두 같은 방식으로 '퀴어'하다면, 과연 그것을 퀴어하다고 말할 수 있을까. 성별, 나이 그리고 겪어온 삶이 제각기 다른 이들이 모여 무지개집은 비로소 퀴어해진다.

왁자지껄 무지개집살이

　무지개집 첫 입주는 봄이었으니, 입주 후 얼마 지나지 않아 한여름이 찾아왔다. 망원동의 인프라를 누리기 위해 무지개집 사람들은 튜브와 수영모를 챙겨 한강공원 망원야외수영장으로 향했다. 언제든 같이 놀 수 있는 사람 몇몇은 있었다. 물안경이 없으면 여분이 있는 사람에게 빌리면 되고 캐리비안베이에 갈 때처럼 그럴듯하게 꾸며 입고(벗고) 갈 필요도 없었다. 철호와 코러스보이는 좀 배운 수영 실력을 선보였고, 막내 백팩은 더지를 공중에 던지며 놀아주었다. 킴은 물에는 들어가지 않은 채 파라솔 밑에 앉아 책을 읽었다가 다른 남자들을 구경했다가 한다. 흰 피부가 타는 게 싫은 모양이다. 그래도 라면 먹으러 가자는 소리에 신나게 일어난다. 흠뻑 젖은 채로 집으로 돌아오는 길에는 취향대로 아이스크림과 음료수를 골라 먹고, 왁자지껄 웃으며 같은 현관으로 들어선다.

　속초로 첫 엠티도 갔다. 방 3개짜리 널찍한 호텔에 도착한 10여 명의 무지개집 사람들은 "여기 넓다"를 연신 외치며 끝에서 끝으로 뛰어본다. 누군가는 여지없이 화장실 문부터 열어보고는 넓고 좋다며 감탄사를 내뱉는다. 이들이 호텔 하나에 왜 이렇게 신이 나는지는 무지개집 사람들만이 알고 있을 터였다.

　늦가을에는 모두 모여 김장을 했다. 1~2주 전부터 고춧가루와 절인 배추를 주문해두었다. 고춧가루는 무조건 태양초다. 도착한 배추는 김장 전날에 물기를 뺐다. 당일 아침, 무지개집의 대장금 4층 동하의 주도로 속 재료를 만든다. 젓갈도 여러 가지 들어간다. 들통에 찹쌀풀을 섞어 넣는다. 김장법을 모르는 사람들은 각종 채소 씻기와 썰기에 나선다. 집 밖 수돗가에서는 쪽파 다듬기가 시작되었다. 금세 허리가 아프다며 끙끙 앓는 소리가 나기 시작한다. 김치는 사 먹으면 안 되겠느냐는 소리도 들려온다. 집 안에서는 도마 3개에서 칼질이 시작되고 무, 갓, 대파, 쪽파가 차례로 썰려나갈 즈음 수육을 삶기 시작한다. 대야에 속 재료와 양념을 넣어 고루 섞고 나니 배추가 등판한다. 거주자들과 친구들이 비닐장갑을 끼고 모여 2개 조로 둘러앉는다. 빨간 속을 한 움큼 잡아 빨래하듯 배춧잎마다 문댄다. 너는 참 야무지게 하는구나, 네 배추는 너무 허옇다, 너는 떡칠을 했구나, 네가 무친 건 네가 가져가렴, 여기저기서 그런 말들이 터져 나온다. 준비해온 각자의 통에 배추를 담으니 부자가 된 기분이다. 왠지 코러스보이가 양념을 야무지게 묻힌 것 같다. 코러스보이의 배추 반쪽을 가져와 자기 통에 담아본다. 너도나도 걷어붙인 소매에 고춧가루가 묻어 있다. 입가를 보니 너는 그새 많이도 뜯어 먹었구나.

넉넉히 담가 나눠 갖고 남은 김치는 페이스북에 광고를 한다. 무지개집은 같이 김장도 담근다고 자랑하고 싶은 것이다. 무지개집 김치를 반 포기에 얼마씩 해서 가져가시라고 올

무지개집에서의 김장은 연례행사에 가깝다.
사진은 2016년과 2017년의 김장날 모습.

여기는 무지개집입니다

리니 신기하게도 몇몇 망원동 주민이 멋쩍고도 신기하다는 듯한 얼굴로 찾아온다. 본 적도 없는 사람이 만든 음식을 기쁘게 먹어준다니 이것은 어떤 신뢰일까. 어쨌든 무지개집 사람들에게도 드디어 먹을 시간이 찾아왔다. 김이 모락모락 오르는 수육이 썰리고 물에 씻은 절인 배춧잎과 굴이 곁들여 차려진다. 각자의 잔에 맥주와 소주를 따르고 갓 담근 김장 김치를 열렬하게 맛보는 행복을 느낀다.

옛날의 엄마들은 김장 다음 날에 몸살이 나기도 했다. 수육까지 삶아줄 여유가 어디 있을까. 김장 설거지는 또 어떤가. 다른 가족들은 그냥 차려진 김치를 1년 내내 먹기만 하면 될 문제였다. 무지개집 사람들은 더 이상 엄마가 김장할 때 이따금 도우며 옆에서 알짱거리는 아이들이 아니었다. 4인 가족을 먹이기 위해 독박 김장을 할 운명을 택하지도 않았다. 엄마 김치보다 더 맛있는 김치 조리법도 얻었다. '엄마 김치'에서 독립하는 것이야말로 진정한 독립이라 할 수 있지 않은가. 재료비를 모아 함께 김장을 담그고 수육에 술을 마시는 흥겨움은 이렇게 모여 살기로 선택한 이들의 커다란 결심에 딸려 온 행복이었다.

친구들도 하나둘 집에 돌아가고 술도 거나하게 마셨으니 이제 정리할 시간이다. 젓가락과 앞접시만 해도 설거지가 한 가득이다. 수육 삶은 통도 그렇지만 온갖 곳에 고춧가루가 묻어 있다. 음식물 쓰레기와 재활용품을 치우고 상을 닦고 나서

도 설거지팀의 정리는 끝이 보이지 않는다. 나머지 사람들은
의리 있게 정리가 끝날 때까지 자리를 지킨다. "고생하셨어요
~" 하며 홍다방 불을 끄고 헤어지는 순간, 각자의 집으로 올
라가며 생각한다. 아, 너무 재미있었는데 정말 피곤하다.

서로의 집이 되어준다는 것

저 이 집에 들어와서 뭘 혼자 한 적이 없어가지고. 전에, 갑
자기 저녁을 먹어야 하는데 아무도 없고 혼자 먹어야 돼서
너무 당황스러운 거예요. 같이 먹고 싶은데 혼자 먹네? 이
집에 살면서 가끔 밥을 혼자 먹고 싶다, 이런 것도 없었어요.
그래서 뭐 먹을 때 저는 지나가다 누가 와서 같이 먹을 수도
있으니까 큰 거 시키고 그랬어요. (킴)

2층 연경은 쓰고 남은 대파를 3층 냉장고에 넣어두고 코
러스보이에게 카톡을 보낸다. 4층 강이는 전라도에 계신 엄
마가 보내주신 갓김치와 파김치를 1층 공용냉장고에 넣어두
고 단톡방에 공지한다. 역시 전라도 김치가 맛있고 어머니가
손이 크시다며 고맙다는 답장이 날아온다. 1층 테라스에 쌓이
는 택배에 적힌 (처음엔 낯설었던) 본명도 익숙해졌고, 이제는
품목만 봐도 대략 누가 시켰는지까지 짐작할 수 있다. 3층 철

호가 통삼겹살을 많이 시킨 걸 보니 곧 번개를 치겠구나 하면, 정말로 번개를 친다. 공동생활의 피로감이나 예상치 못한 재미들에도 어느 정도 익숙해지면서 이곳에서의 생활도 일상이 되어갔다.

어머니가 살아 계셨을 때, 엄마가 퇴근해서 들어오고 같이 밥을 해 먹고, 저한테는 너무 좋은 엄마였고 너무 좋은 친구였거든요. 그때 그 느낌을 떠올리면⋯⋯ 되게 따듯해요. 그래서 엄마가 돌아가셨을 때 가슴이 뻥 뚫린 것 같았어요. 삶이 너무나 차갑고⋯⋯ 그렇게 몇 년을 살다가, 제가 게이커뮤니티 내에서는 되게 차가웠거든요. 이 집에 처음 들어왔을 때 그런 긴장감도 계속 지속됐었고. 그랬지만 시간이 점점 지나가면서 마음속에 따뜻한 게 생겨난 것 같아요. 애인이 생겼을 때도 어느 정도 따뜻한 걸 많이 느끼긴 했지만, 공동체가 채워줄 수 있는 부분이 또 있는 것 같아요. 되게 큰 부분이. (백팩)

자취를 하던 시절 한 달에 한두 번은 부모님 댁에 방문했다던 연경은 무지개집 입주 이후에는 예전만큼 자주 가지는 않는다고 했다. 백팩은 독립 후 첫 명절날 아버지 집에 가기가 그렇게 싫었단다. 한껏 기가 빨린 뒤 돌아오고 나면 '여기가 진짜 내 집이다, 역시 집이 최고'라는 생각만 든다는 것이다.

명절에 부모님 댁에 다녀온 킴은 1층 흥다방에 널브러져 충전을 했다. 킴은 자신과 마찬가지로 명절 연휴 동안 날개가 젖은 채 귀가하는 거주자들을 반갑게 맞이했다.

명절 때 일산 집에 갔는데 잠도 잘 안 오고. 여기 오니까 너무 편하게 "아유, 아유~" 하면서 1층에 누웠는데, 그때 오김이 고향 집에 다녀오더니, 다들 여기 오니까 편안하다고. 정말 편안한 집이구나. 명절 때마다 항상 느껴요. (킴)

모두가 대외적으로는 비혼이라는 점도 영향이 있지 않을까. 명절에도 절대 엄마 집에 가지 않는 더지가 한적한 무지개집을 독점하곤 며칠을 혼자 놀다 심심해질 즈음, 단톡방 알람이 울린다. 까똑. 집에 계신 분들 내려와서 전 먹어요.

살아보니 이 집이 게이하우스였으면 정말 큰일 날 뻔했다는 생각이 들어요. LGBT하우스라서, 여러 정체성이 섞여 있어서, 참 좋다! (코러스보이)

레즈비언들에 대해서 별로 관심도 없고, 여성주의 이런 거에 대해서 관심 없는 게이도 엄청 많거든요. 이렇게 자연스럽게 상대방에 대해서 이해할 수 있는 게 제일 중요한 거죠. (동하)

무지개집 구성원들은 함께 살아가기라는 실천적인 행위를 통해 자아의 성장과 확장을 경험한다. 이러한 경험은 의미 있는 타인과의 관계를 맺음으로써 가능한데, 성소수자를 차별하는 사회에서는 자신을 드러낼 수 있는 안전한 공간을 찾기도 쉽지 않으니, 도전하고 실패하는 과정을 거치며 타인과의 관계 속에서 변화를 꾀하기는 더더욱 어렵다. 그런 점에서도 무지개집은 소중한 공간이다.

게이인 코러스보이는 무지개집을 통해 여성 퀴어의 삶을 구체적으로 알게 되었고, 그 과정에서 "우리가 되게 좋은 사람들이 되어가는 것 같은" 느낌을 받았다고 말했다. 공동체를 만들어 함께 살아나가는 과정을 통해서 각 구성원들이 이전과 다른 내가 되어간다고 느끼는 것, 그 과정에서 훨씬 더 안정감을 얻을 뿐만 아니라 삶이 더욱 풍요로워진다고 느끼는 것은 성소수자로서의 자신을 인식하는 데도 많은 영향을 준다. 동하는 다른 성소수자의 삶이나 어려움에 대해 관심을 두거나 이해하려고 하지 않는 게이들의 태도를 지적하며, 무지개집에서 함께 살면서 자연스럽게 다양한 삶을 배우는 것이 가치 있는 일이라고 말했다. 게이커뮤니티의 경우 게이바와 클럽 같은 상업시설을 중심으로 공개적이고 확장된 커뮤니티를 가지고 있으며 친교와 연애, 섹스를 중심으로 관계가 맺어지는 경우가 많아 그러한 대상이 아닌 다른 정체성에 대한 접촉과 관심은 상대적으로 적은 경향이 있다. 특히 여성 성소수자나 트랜스젠더가 경험하는 복합적인 차별에 이해가 부족한 경우도 많은데, 무지개집에서 살아가는 경험이 그러한 이해를 넓히는 데 큰 역할을 하고 있었다. 또한 연애와 섹스의 대상이 아니면서도 서로를 배려하고 이해할 수 있는 관계가 주는 편안함이 삶의 중요한 자원이 되고 있는 듯했다.

오김의 경우에는 직장을 비롯해 남성이 다수인 공간에서 활동하며 이성애중심성이 작동할 때 여성과 성소수자로서 차별과 배제를 느끼곤 했는데, 무지개집에서 만난 게이들과는 불편함 없이 지내고 있어 이러한 경험이 자신에게 새로운 자원이 된다고 느낀다. 남성 성별 권력의 문제 안에 이성애중심성이 결합되어 있다는 걸 인식하게 된 계기인 동시에, 다양한 남성과의 새로운 관계를 모색할 수 있었던 것이다. 또한 여성들만이 모인 공동체가 자동적으로 편안함을 주지는 않는다는 걸 느끼면서 단지 성별의 문제가 아니라 다양성이 존중되는 공간일 때 편안할 수 있다는 사실을 배우고 있다.

사실 퀴어라는 정체성은 정체성의 '일부'이다. 이 정체성은 상황과 조건, 관계에 따라 부각되기도 하고 작아지기도 하며, 강제로 은폐되기도 하고, 문제적으로 까발려지기도 한다. 그렇다면 퀴어 정체성을 내건 무지개집에 사는 사람들에게 퀴어 정체성은 어떻게 감각되며 어떤 의미를 가지고 있을까?

무지개집에서 감각되는 퀴어 정체성

이사 오기 전에는 주말게이[주말에만 게이]였지. 그리고 내가 나를 표현하는 것에 검열을 했었지. 그리고 남의 시선을 신경을 썼지. 예전에 회사 다닐 때도 뭐 한번씩 잊을 만하면 들려오는 얘기 있잖아. "여자친구 없어요?" "이제는 너도 결혼해야지"라는 이야기들. 그런 이야기들에서 해방이 됐지. 그리고 뭐 나의 어떤 태도와 행동, 말투, 이런 거에 있어서 나도 모르는 나를 검열하는 시간이 있었는데 일단 그 사회에서 온전히 빠져나왔기 때문에 그렇게 검열했던 순간이 기억이 안 날 정도야. (현식)

내 정체성이 이 집에서 영향을 끼치기보다는, 다른 데 가서는 살기 힘들 것 같다는 생각이 들어요. 오히려 여기에서 퀴어 정체성을 갖는 것이 중요한 게 아니라, 중요하지 않은 방식으로 사는 경험을 해서 다른 사람들하고 사는 게 힘들어지겠죠. (오김)

여기 살면서는 누군가를 초대할 때, 그리고 나의 정체성이나 우리가 살고 있는 이 공동체를 어떻게 알리고 어떻게 공유할 것인지에 대해 고민을 항상 하기 때문에 그게 되게 많이 바뀌었죠. 그래서 LGBT로 살아가는 것에 대해서 생각하게 되죠. 이 집에서 살고 있는 것이 어떤 의미인가 많이 생각하게 되는…… (연경)

이제 삶 속에서 제가 더 이상 소수자라고 생각하지 않아요, 사실. 본가에 내려가면 내가 소수자라고 느끼지 평소에는 그걸 못 느끼거든요. 소수자끼리 모여 살면 그 안에서 내가 소수자라는 걸 못 느끼잖아요. 이게 삶의 질이 정말 다른 거 같아요. 그 안에서 트러블이 생길 수 있지만, 큰 틀에서는 너무나 많은 것을 얻을 수 있기 때문에 계속해서 이런 모델이 생겼으면 좋겠다는 생각을 해요. (백팩)

퀴어 정체성을 잊어버리거나 중요하게 생각하지 않으면서 지내게 되었다는 현식의 이야기부터 좀 더 자세히 들어보자. 현식은 무지개집에 입주하기 전에는 게이의 삶과 일반의 삶을 철저하게 분리했다. 늘 이제 결혼해야지, 라는 간섭을 받았던 직장에서는 게이처럼 보이는 행동이나 말투, 정보를 통제하며 지냈다. 게이로서의 삶은 주말에 친구사이 활동을 하는 것으로 철저하게 분리되었고, 게이로서의 자신을 드러내는 지역 또한 종로나 이태원 정도로 한정되었다. 그런 그는 무지개집에 입주하면서 회사를 그만두고 1층에 식당을 창업했다. 지금은 집, 일터는 물론 거의 모든 관계에서의 자신이 하나로 일치되면서 소위 '일반' 사회에서 살아갈 때의 긴장을 떠나보냈다.

진석은 중요한 관심사가 게이라는 정체성에서 당시 일터인 친구사이에서 일을 잘하는 것, 그리고 무지개집에서 잘 살아가는 것으로 옮겨갔다. 무지개집에서는 정체성을 인정받거나 배제당하는 방식이 아니라 보다 깊숙이 서로의 삶에 침투하는 방식으로 타인과 관계를 맺었기 때문이다. 이런 관계를 맺어보고 나니 진석은 다시는 정체성을 이유로 인정받거나 배제당하는 식의 관계로 돌아가고 싶지 않다는 생각이 들었다고 한다.

오김은 무지개집에서 퀴어 정체성이 중요한 요소로 여겨지지 않는 경험을 해서 앞으로 다른 사람들하고 사는 게 힘들어지겠다고 말했다. 퀴어라는 이유로 퀴어로서의 정체성만을 강요받고, 일상적으로 매 순간 퀴어인 자신을 자각하면서 드러내거나 숨겨야 하는 것은 지속 가능하지 않다. 퀴어라는 걸 잊어버릴 수 있는 일상, 그러한 일상이 매일을 살아가는 집에서 가능할 때 우리는 비로소 가장 개인적인 사람이자 가장 사회적인 사람이 될 수 있다.

한편, 철호는 집 주변의 길고양이를 돌보면서 사회와 집에서 버림받은 존재로서 길냥이와 퀴어 정체성을 동일시한다. 이는 퀴어 정체성을 연애관계에서 가족과 사회, 비인간과의 관계로까지 확장하여 새롭게 인식하는 것이다. 또한 백팩의 말에서 드러나는 것처럼 본가라는 원가족 혹은 이전에 살았던 공간은 자연스레 무지개집과 비교 대상이 된다. 소수자로서의 위치를 자각하게 되는 공간을 '특정한 어디'라고 지목할 수 있게 되고, 그러한 공간이 삶에서 차지하는 영역이 점점

©경향신문

퀴어라는 걸 잊어버릴 수 있는 일상,
그러한 일상이 매일을 살아가는 집에서
가능할 때 우리는 비로소 가장 개인적인 사람이자
가장 사회적인 사람이 될 수 있다.

좁아질 수 있다는 것은 차별과 배제, 외로움과 고립 등의 감각이 언제나 압도적이고 영속적인 건 아니라는 생각을 할 수 있는 기회가 된다.

킴의 경우에는 게이로서 처음으로 안전함을 느끼며 친구 사이에서 열심히 활동했던 예전과 비교했을 때, 지금 무지개집이라는 안전하고 편안한 공간에서 살아가면서 오히려 퀴어 커뮤니티에 대한 생각과 관심, 공감이 줄어드는 것 같다는 성찰적인 평가를 하기도 했다. 반대로 연경은 무지개집에 살면서 활동가가 된 느낌을 가지게 되었고, LGBT 정체성을 더 많이 생각하게 되었다고 했다. 활동가가 아니기 때문에 "정치적으로 나를 표현하고 드러내는 것에 대해 고민하지 않았"지만 무지개집에 살면서는 나의 정체성이나 우리가 살고 있는 이 공동체를 어떻게 알리고 어떻게 공유할 것인지에 대해 고민을 항상 하기 때문에" "LGBT로 살아가는 것에 대해서 생각하게" 된다는 것이다. 연경은 "내가 운동하는 사람처럼 느껴"진다고, "이 집에서 살고 있는 것이 어떤 의미인가 많이 생각하게 된다"고 말했다.

집에 정체성이 부여된다는 건 집의 가격, 면적, 위치, 인테리어의 문제가 아니다. 나에 대한 설명이 아니라 집에 대한 설명을 요구받는 것, 집의 정체성을 통해서 나의 정체성이 다시 한번 의미화된다는 건 무지개집에 사는 구성원들에게 퀴어 정체성이 새롭게 각인되는 방식이기도 하다. 그렇다면 이

여기는 무지개집입니다

들이 무지개집에서 함께 살며 서로를 돌보고 관계 맺는 방식은 기존 한국사회의 가족실천과 어떻게 다르고 또 같을까? 그동안 한 번도 조명되지 않았던 퀴어들 간의 돌봄은 어떤 의미를 만들어내고 있을까?

무지개집의 '문란한 돌봄'

'관계 빈곤'은 이 시대의 많은 사람이 경험하는 사회적 관계의 단절, 고립감을 의미한다. 인류가 오랫동안 마주하고 있는 난제인 '빈곤'과 '관계'가 결합한 이러한 단어의 등장은 서로 의지하고 지지하는 관계로부터의 단절이 경제적 빈곤만큼이나 삶의 어려움을 야기하는 현실을 반영한다. 일본의 르포작가 이이지마 유코는 《여성파산》에서 물질적 빈곤이라면 돈이나 물건으로 당장 메울 수 있는 가능성이 있지만, 관계적 빈곤은 그 뿌리가 깊어 쉽게 해결되지 않는다고 했다. 소속감을 느낄 수 있는 장소의 부재와 지속 가능한 관계의 사라짐은 어쩌면 현대인의 삶에서 경제적 빈곤보다 더욱 해결하기 어려운 문제일지도 모르겠다. 고립된 개인, 임시적인 집으로 넘쳐나는 대도시에서 무지개집은 색다른 실험을 하고 있다. 이 공간의 구성원들은 공동생활과 자신의 삶의 방식을 어떻게 조율하고 협상하면서 함께 살기의 관계성을 만들어나가고 있을까.

살피게 돼, 애들 혹시 뭐 안 좋나 그런 거. 애인 살피듯이 살피게 돼. 숨소리가 조금 더 가까운 애들이 더 신경 쓰이게 되는 것이고. (철호)

그냥 북돋워주는 말 하나, 그 정도만 해도 되게 힘이 나거든요. 퇴근하고 1층에서 만나면 고생했다, 들어가서 쉬어, 이렇게. (최강)

서로의 삶의 방식을 지키면서 서로에게 보호자가 되는 과정은 당연하게 이뤄지지 않으며 구체적인 돌봄을 통해서 구축해가야 한다. 돌봄이라는 단어처럼 이 시대에 중요한 키워드도 없을 것이다. 평등학 교수 캐슬린 린치Kathleen Lynch는 《정동적 평등》에서 돌봄은 최소한의 존엄한 삶을 영위하는 데 가장 중요한 토대라고 했다. 즉, 돌봄은 특별한 사람이나 특정한 순간에서만 필요한 게 아니다. 존엄한 삶을 영위하고자 하는 누구든 서로 의존하는 관계적 존재로서의 삶을 구축해야 한다. 누군가와 보살핌을 주고받는 존재라는 감각을 통해 우리는 관계 속에서 살고 있음을 확인한다. "고생했다, 들어가서 쉬어." 최강은 퇴근 후 무지개집에 돌아오면 듣는 그 짧은 말에서도 일상의 돌봄을 느낀다. 코러스보이는 "기분이 나빠서 화가 나 있을 때 내 눈치를 보고 말을 걸어주는 것"에서도 돌봄을 받는다는 생각이 든다고 했다. 이런 일상의 순간들이 누군가와 관계 맺고 있다는 사실을 감촉하게 한다.

이렇듯 서로의 감정을 살피는 돌봄관계는 생활세계를 움직이는 중요한 축이며, 돌봄기술의 향상으로도 이어진다. 더지는 시간이 갈수록 자신의 돌봄기술이 점점 더 나아진다고 느낀다. 초반에는 처마가 없어 비가 많이 들이치는 무지개집이 관리하기 어렵다고 느꼈지만 이제는 대처할 수 있는 기술이 생겼다. 혼자 있을 때 비가 오면 단톡방에 소식을 공유하고 능숙하게 대처하는 스스로를 보면서 '내가 돌보고 있구나' 하는 변화를 체감한다. 함께 밥을 먹는 것과 같은 행위를 통해서도 삶, 돌봄, 관계가 유기적으로 생성될 수 있다. 커플관계에서 재택근무를 하는 파트너를 둔 경우나 집에 머무는 시간이 많은 파트너를 둔 경우의 입주자들이 자신의 파트너와 같이 밥을 먹을 누군가가 있다는 데서 느낀 안도감을 강조하는 모습은 밥 돌봄이 일상의 삶에서 가지는 의미를 반추하게 한다. 재택근무자인 디오는 무지개집에 남자가한밥이 있어서 함께 점심을 먹으며 같이 도란도란 이야기할 수 있다는 게 삶의 가장 큰 변화라고 했다.

무지개집에는 사람들 사이의 돌봄만큼이나 의미 있는 돌봄관계망이 또 있다. 바로 고양이 돌봄이다. 입주민들끼리 이집은 '고양이 돌봄공동체'라고 말할 정도로 중요한 관계망이다. 고양이와 함께 사는 가구는 셋인데, 집사가 며칠 집을 비워야 할 일이 있을 때면 아랫집 윗집 사람들이 짬을 내 고양이

무지개집에서 빼놓을 수 없는 귀중한 존재인
고양이를 서로 돌본다는 건 무지개집의
관계성을 구성하는 중요한 축이다.

를 돌본다. 다들 고양이를 이뻐하니 서로 "내가 돌봐줄게"라고 나선다. 한번은 초보 집사가 고양이 화장실에 넣는 펠릿을 사료로 혼동해서 그릇에 담아두고는 사료를 잘 줬다며 단톡방에 인증샷을 남겨 모두에게 즐거움을 주는 일도 있었다.

무지개집에 함께 사는 고양이는 총 5마리다. 그중 온돌이는 동네 길고양이 무리 중 하나로 가장 뒤늦게 무지개집 식구가 되었다. 무지개집 사람들은 여러 길냥이들에게 밥도 주고 중성화수술도 시켰는데, 온돌이는 사람을 따라 집 안으로 들어올 정도로 붙임성이 좋았다. 그러다가 한파가 너무 심한 어느 겨울날 누군가 겨울 동안만이라도 데리고 있자 했는데, 5층 더지네가 '당첨'이 된 거다. 그렇게 무지개집에서는 '굴러온 돌', 온돌이의 묘생 2막도 시작되었다. 길냥이에서 무지개집 가족이 된 온돌이에 대해 코러스보이는 "5층의 책임이지만 거의 모두의 고양이 같은 느낌이" 든다고 말한다. 다시 말해 무지개집에서 고양이의 존재는 함께 산다는 걸 피부로 느끼게 하는 실체다. 이렇듯 무지개집에서 빼놓을 수 없는 귀중한 존재인 고양이를 서로 돌본다는 건 무지개집의 관계성을 구성하는 중요한 축이다.

무지개집 구성원들의 가족실천은 함께 살기로 결정한 것 안에 포함되어 있다. '어떻게 서로를 돌볼 것인가' 하는 문제는 함께 살기로 한 한 번의 결정으로 답해지는 것이 아니라 매일매일의 수행적 실천을 통해서 답해지며 서로에게 다시 각

인된다. 하지만 이러한 가족실천과 돌봄은 이웃, 직장, 학교, 관공서 등에서 포착되지 못하며 따라서 이에 대한 공적 인정이나 그에 따른 제도적 보장(돌봄휴가 등) 또한 기대할 수 없는 상황이다.

제도가 인지하지도 보장하지도 못하지만, 이러한 돌봄망 안에서 서로의 위기를 방지하며 살아가는 사람들은 매우 많다. '문란한promiscuous 돌봄'은 바로 이처럼 국가가 허락하고 인정하는 관계를 넘어 스스로 만들어내는 상호 책임을 뜻한다. 이 개념은 오늘날 돌봄이 마주한 다면적이고 심각한 위기 상황을 이해하고 해결하기 위한 목적으로 결성된 영국의 학술모임 더 케어 콜렉티브The Care Collective가 제안한 것으로, 《돌봄 선언》에서는 '난잡한 돌봄'으로 번역되었다. 에이즈인권활동가 더글러스 크림프가 감염병 위기 시대에 새로운 쾌락의 발명을 통해서 서로를 보호하고자 했던 것을 '문란함'이라고 제시한 데* 착안한 개념이기도 한 문란한 돌봄은 국가와 시장이 제시하는 일방향적이고 의무와 소비에 기반한 관계를 넘어서 실험적이고 확장적인 방법으로 돌봄을 실천할 것을 추동한다. 무지개집에 거주하는 퀴어들은 '문란한 존재'라는 사회적 차별과 낙인을 경험한 이들이면서도, 이에 대항하는 방식의 돌봄을 적극적으로 실천하는 이들이다. 이 비차별적 돌

---

* 더글러스 크림프, 《애도와 투쟁》, 김수연 옮김, 2021, 96쪽.

봄인 문란함은 퀴어들만을 위한 것이 아니라 제도와 시장이 책임지지 못하는 모두의 삶을 위해서 힘을 발휘할 것이다.

관계는 노동이기도 하다

화장실을 같이 쓰는데 화장실 청소가 잘 안 됐을 때, 내가 부르르할 때 좀 참고 "너 요새 좀 안 하는 것 같아" 이야기를 한다든가. 어떤 상황에서 바로 이야기하는 것보다 내가 한번 참고 기회가 되면 얘기를 하자. 그런 게 혼자 살 때랑 다른 것 같아요. (연경)

108배를 하면서 나를 돌아보고, 나한테 잘못은 없었나 그런 걸 계속 살피면서 그 사람을 인정하고. 부딪히는 나의 그런 것들을 바라보면 좀 내려놓게 되고. (진석)

한 공간에서 살다 보면 미묘한 생활패턴의 차이도 큰 문제처럼 더 두드러지기 마련이다. 서로를 보살피고 돌보는 다정한 순간만이 일상을 채우기는 어렵다. 서로의 세세한 차이들을 마주하는 것이야말로 일상에서 구체적으로 느끼는 '함께 살기'의 감각이기도 할 것이다. 무지개집 사람들에게서는 다른 사람의 삶의 방식을 자신의 방식과 조절하고, 협상하고,

혹은 자신의 방식을 포기하기도 하면서 다양한 삶의 기술을 배워나가는 동시에 이전의 삶에서 체화한 자신의 태도나 습관을 낯설게 마주하는 수행적 여정의 모습도 엿보인다.

거실과 부엌을 공유하는 1인 가구가 모여 사는 2층의 경우에는 이러한 갈등의 가능성이 접촉면만큼 증가한다. 또한 사람의 들고 남이 다른 층보다 빈번하기 때문에 새로운 누군가가 들어올 때마다 그동안 '겨우' 맞춰놓은 익숙함과 편안함이 새롭게 도전받는다. 누군가의 감정을 통해서 장소에 대한 감정이 바뀌고 나면 모두가 또 새롭게 적응하고 맞추어가는 노력이 시작된다. 이는 새로운 구성원의 등장을 계기로 할 뿐만 아니라 이미 익숙해진 사람들 사이에서도 끊임없이 일어나는 것이다. "마음에 대한 출렁임을 최소화하는 것. 다른 사람의 감정 상태에 대해서 온전히 반응하는 것보다는 조금 거리를 두고, 이 사람이 조금 안정이 됐을 때, '그때 네가 되게 부르르했다'라고 이야기해주고, '아 내가 그랬었나?' 하고 기다려주는"(연경) 일이 필요하다. 말하는 사람과 듣는 사람 모두 시간의 덕을 본다.

"두루두루 친할 수 있는 사람"(오김) 혹은 "같이 살아가는 법을 아는 사람들"(백팩)이 무지개집에 적합하다는 오김과 백팩의 의견처럼, 함께 살아가기 위해서는 이전과 다른 새로운 습관을 만들어가는 관계노동이 요구된다. 공존의 기술은 타자와 연결되고 서로에게 결속되면서 획득하는 삶의 중요한 기술이다. 그것은 무수한 시행착오를 거쳐서 얻게 되는 것으로, 상대방의 감정을 살피고 협상하는 과정에서 피로감을 느낄 수도 있으며, 어떻게 해야 진심이 왜곡되지 않고 전달될 수 있는지를 치열하게 고민하는 과정이기도 하다. 무지개집 구성원들은 갈등의 순간 한 발짝 뒤로 물러나 자신의 주장을 굽혀보기도 하고, 불편한 점을 '비밀'이라고 감추기도 하고, 누군가에게 가지고 있는 불만을 대신 말해주는 이에게 고마움을 느끼기도 하면서, 무결점의 관계도 완전한 삶도 없다는 걸 수용해간다. 동시에 이렇듯 다양하고 이질적인 사람들이 만나 이루어진 관계망이 현재 자신의 삶에서 분리될 수 없을 만큼 소중하다는 사실 또한 분명하게 느끼고 있었다.

"하루도 바람 잘 날 없는"(백팩) 집이라는 말처럼 무지개집의 일상을 잘 드러내는 표현도 없을 것이다. 어느 날은 비가 새고, 어느 날은 누구의 생일이고, 어느 날은 누군가가 아프고, 또 어느 날은 화가 난 누군가의 감정을 살펴야 한다. "시트콤"(백팩)처럼 매일 다양한 사건들이 일어나서 누군가에게는 도통 공허할 틈이 없는 공간이다. 좋은 사람들이 함께해서 너무 좋다는 생각이 들면서도 동시에 일상적으로 관계노동을 수행해야 하는 관계적 의무 또한 주어지는 공간이다.

집이 쉬는 공간이 아니구나. 여기 또 일터다. 그 생각이 간간이 들고 그게 좀 힘들어. 근데 그건 애인 사귈 때도 똑같지

않나? (철호)

삶의 조건이 다양한 15명이 함께 산다는 건 자신의 시간을 "양보"해야 하는 상황이 유발하는 피로감을 느끼거나 온전한 나로 머물 수 있는 휴식시간이 부족한 상황으로도 이어지지만, 어쩌면 그것은 지극히 마땅한 현실이기도 할 것이다. 왜냐하면 함께함은 당연히 주어지는 것이 아니라 관계노동을 통해서, 실천을 통해서 이뤄지는 것이기 때문이다. 이는 한편으로 업무 강도가 높거나 늦은 시간까지 일을 하는 구성원들의 경우 함께하지 못하는 상황에 대해 다른 구성원들에게 미안함을 가지게 되는 구조로 이어지기도 한다.

무지개집 같은 곳에 살면서 저녁이 없는 삶을 사는 게 더 끔찍한 거예요. 차라리 고시텔 살 때는, 일 때문에 정신이 없을 때 혼자 쉴 수 있는데. (진석)

함께 산다는 건 단순히 같은 집에 산다는 것만으로 자연스럽게 이루어지는 일이 아니기에 충분한 시간을 낼 수 없는 구성원은 무지개집에서 살아가는 의미를 계속해서 질문하게 되는 상황에 놓인다. 무지개집 사람들은 서로에게 소속감과 삶의 의지처를 제공하지만 그렇다고 해서 생활패턴이나 경제적 차이 등 사회적 조건이 야기하는 삶의 차이가 존재하지 않는 건 아니다. 다만, 자신을 위한 시간을 확보하기 위해 함께 하는 시간을 거절해도 문제가 없다는 사실을 서로 깨달아가면서 변화무쌍한 일상을 기꺼이 조율해간다. 백팩 또한 무지개집에서 힘들었던 기억으로 사람이 많아서 좋으면서도 동시에 사람이 많아서 힘들었던 초기의 순간을 이야기했다. 이렇듯 모든 관계는 관계에 익숙해지는 시간을 필요로 한다. 무지개집 사람들은 자신의 삶과 관계의 거리를 조율하면서 편안하고 안정된 관계의 모델을 함께 만들어가고 있다.

서로에게 스며들어 이제는 서로의 삶에서 분리되기 힘든 관계의 탄생을 무지개집 입주자들은 어떠한 의미로 해석하고 무엇으로 명명하는지 궁금했다. 더지는 피를 나눈 가족이 너무 부담스럽고 질척거려서 같이 사는 게 정말 어렵다고 했다. 무지개집은 자신을 개인으로 봐주기 때문에 함께 살 수 있다는 것이다. 킴은 무지개집이 〈가족의 탄생〉이라는 영화와 비슷한 관계라고 느꼈다. 수동적으로 주어진 관계가 아니라 내가 만든 가족이라는 느낌. 무지개집 사람들은 서로의 관계를 "같이 살고 싶은 마음 55%, 떠나고 싶은 마음 45%인 관계"(진석) "가족인 듯 가족 아닌 가족 같은 우리"(동하) "어떤 사람은 가족 같고 어떤 사람은 정말 친구. 어떤 사람은 그냥 한 빌딩에 사는 이웃"(현식)과 같이 저마다 다양하게 표현했다. 코러스보이는 같은 건물 안에 있어도 숨소리가 들리는 거리에 따라서 느껴지는 친밀도가 다르다고 이야기한다.

무지개집 사람들은 자신의 삶과 관계의
거리를 조율하면서 편안하고 안정된
관계의 모델을 함께 만들어가고 있다.

여기는 무지개집입니다

이렇듯 무지개집 내부에서 서로가 친밀함을 느끼는 정도는 다를 수 있지만, 서로가 가진 비밀들을 알아가면서 "가족 같은 느낌"이 생성된다는 연경의 말처럼 무지개집은 새로운 관계의 모델이 가능하다는 상상을 우리에게 제공한다. 내가 선택하고 만들어온 관계 속에 머물다 보면 삶을 바라보는 태도 또한 달라지며, 사람들은 사람들 속에서 함께 성장해간다. 이들은 무지개집이 인생에 미친 영향에 대해서 어떻게 이야기할까?

확실한 건 진짜 사람의 온기만 한 게 없는 것 같아요. 어머니가 돌아가신 지 10년이 지났는데 따듯함을 되찾아가고 있다는 걸 느낀다는 게 너무 감사합니다. 이건 정말 영화 같은 일이죠. (백팩)

인디는 회사를 그만둘 때 무지개집이 자신에게 미치는 영향에 대해 다시 생각해보게 되었다고 했다. 맞지 않는 것 같다는 생각이 들었을 때 많이 고민하지 않고 퇴사를 밀고 나가는 데 무지개집이 주는 안정감이 큰 역할을 했다고 느낀다는 것이다. 무지개집에 산다고 해서 소득이 생기는 건 아니지만 회사를 그만두었을 때 발생할 수 있는 사회적 고립은 걱정하지 않을 수 있었던 것이다. 정 할 일이 없으면 1층에 있는 남자가한밤에서 일이라도 도와줄 수 있지 않겠느냐는 생각은 임

금노동을 하지 않는 사람이 능력 없고 쓸모없다고 생각하는 주류의 생각에 잡아먹히지 않고 인생의 의미를 찾을 수 있는 가능성을 제공하는 것이었다.

인생에서 힘든 순간 나를 도와줄 누군가가 있을 것이라는 믿음은 삶을 살아가게 하는 힘이자 사람을 사람으로 만드는 조건이다. 관계 속에서 산다는 걸 확인하는 순간은 결코 추상적이지 않다. 그것은 누군가가 나를 대하는 태도나 대접을 통해서 매우 구체적이고 직접적으로 느껴진다. 그러한 순간들을 통해 우리는 사람으로 존중받고 있음을, 사람답게 살고 있음을 체감한다. 무지개집의 관계를 설명하는 이야기들에는 다른 어떤 것보다 '사람이 좋다' '이 사람들이 좋다'라고 말하는 감정에 대한 이야기가 많다.

[살면서 느끼는 게] 제가 참 좋은 사람들하고 살고 있구나, 이 멤버가 참 마음에 든다. 멤버가 되게 좋아요. (코러스보이)

우리는 종종 생각한다. 이 사람들을 안 만났으면 내 인생은 어떠했을까, 라고 말이다. 그것은 우리가 인생의 여정에서 누구를 만나는가, 어떠한 삶의 태도를 가진 사람을 만나는가에 따라서 우리의 인생 또한 바뀔 수 있다는 걸, 이전과 다른 삶의 문턱으로 진입할 수도 있다는 걸 알기 때문이다. 무지개집 사람들이 수행하는 관계노동은 무엇을 생산할까? 그것은 어쩌면 함께라는 감각과 추억일지 모른다. 서로를 돌보는 시간, 서로가 함께 만들어가는 시간이 공통의 감각을 만들어내고 추억을 생성한다. 그 공유된 기억이야말로 이들이 서로의 관계를 지속하게 하는 힘이고, 세상에서 이름 붙여지지 않음에도 이 관계가 지속될 수 있는 동력일 것이다.

무지개집은 망원동 골목 한편에 들어선 5층짜리 다가구주택이다. 동네 터줏대감들이 살고 있을 것만 같은 고급빌라들 사이 조금 색다른 모양새의 집. 이 집은 정체가 뭐길래 집들이도 여러 번 시끌벅적하게 하는 건지, 동네 입장에서는 궁금증을 자극하는 새로운 이웃이 골목에 나타난 셈이다. 이웃들의 속삭임을 엿들어보니 '불쌍한 사람들이 사는 복지시설이다'라는 둥 '아이돌 연습생이 산다'라는 둥 예상치 못한 속설들이 있었단다. 새로운 이웃에 대한 이질감의 표현인 동시에, 지역운동이 활성화되어 있고 연예기획사도 많은 동네라서 가능한 상당히 망원동스러운 추측이었다. 망원동은 그만큼 다른 질감의 문화들이 섞여 있는 곳이다.

망원동 골목에 등장한 불온한 이웃

도시의 사람들은 낱개로 흩어져 산다. 층간소음, 고성방가, 흡연문제 등으로 이웃과 다투는 일이 잦은 지금에 이르러, 좋은 이웃관계란 피해를 받지도 피해를 끼치지도 않으면서 웃으며 인사할 수 있는 정도의 거리감이 있는 사이면 충분한 것으로 여겨지는 듯하다. 그러나 무지개집 사람들은 낱개로 흩어져 살던 성소수자들이 모여 서로의 가까운 이웃이 되기로 선택한 것을 넘어, 집 담장 밖 누군가의 이웃으로도 살고 싶어 했다.

서교동에 살 때는 그냥 여기 나 혼자 사는 곳이고 마을주민으로서 정체성이 전혀 없었어요. 난 그냥 동사무소 갈 때만 서교동 주민이었지. 무지개집에서 15명이 함께 살고 있기 때문에, 우리가 살고 있다는 것을 여기서 좀 보여주고 싶다, 이 마을에 어울려서 살고 싶다는 생각이 좀 있어요. 사실 비밀로 살아도 되는데 우리끼리. (코러스보이)

놀거리, 볼거리 많은 서울이라는 도시에서 결혼도 안 한 젊은이들이 왜 '마을에 어울려' 살고 싶어 할까. 학교, 회사 이외에 동호회, 사교모임과 같은 취향공동체를 찾아 떠나는 젊은 도시인들에게 '마을'이란 내가 사는 집과 약속 장소 사이에 있는 길목에 지나지 않을지 모른다. 매번 바뀌는 데이트 상대와 집에 들어가는 모습을, 오늘도 술에 거나하게 취한 모습을 아무도 보지 못하길 바라면서 말이다. 성소수자에게 '이웃'과 '마을'은 전혀 다른 말일 수 있다. 편안하게 자신을 드러내고 관계 맺을 수 있는 이웃들은 이태원, 홍대, 종로의 포장마차, 술집, 인권단체 같은 곳에 있지 '마을'에는 없다. "우리끼리 비밀로 살아도 되는데"라고 말하면서도 무지개집 사람들이 구태여 마을주민으로 어울려 살고자 하는 이유는 무엇일까? 마을에서 이웃을 만든다는 건, 이웃에게 자신을 내보인다는 건 누구에게 어떻게 가능한 일일까?

> 이 앞에 빌라가 나름 오래된 고급빌라거든요. 예전에 ○○○당 지역의원 했던 사람도 살아요. 그 집의 몇몇 분들은 무지개집 공사할 때 시끄럽다고 매일 민원을 넣었어요. 근데 또 뒷골목으로 가면 다세대주택에 1인 가구들이 좀 사는데 [그쪽에서는] 별 민원이 없었어요. 앞집은 계단실 불이 너무 밝아서 잠을 못 자겠다, 길고양이 밥 주지 마라, 하수구 소리가 시끄럽다, 처음 몇 달 동안 컴플레인을 많이 했고요. (코러스보이)

코러스보이는 "나름 오래된 고급빌라"에 사는 사람들이 동네 원주민이자 터줏대감인 것 같았다고 했다. 익숙히 살아온 환경을 불편하게 만들지 말라는 메시지, 이 골목에서 무엇이 용인되지 않는지 알려주는 사람들을 보며 무지개집 사람들은 직감했다. "내가 이 동네에 산다"는 주장이 누구에게나 가능한 건 아니라는 사실을 말이다.

집 짓는 과정에서 약간의 위축 효과가 있었어요. 여기가 주택가이기는 하지만, 우리가 마주치는 사람들이 있는 골목은 약간 다 비싼, 이 동네에서 좀 큰 평수의 빌라들이 있지요. 제가 이사 왔다고 떡 돌리러 돌아다녔더니 탐탁지 않아 했고요. "왜 여기 맨날 이렇게 파티하냐"고도 하고. 그 집에 어디 교회 교인의 집이다 표시가 되어 있던데, 동네를 돌아다니다 보면 교인들이 하는 가게가 또 많더라고요. 그러면서 생긴 위축 효과는 저에게는 있었어요. 그래서 무지개집 하나로는 안 되는구나. 이 골목이 전부 다 무지개집 같으면 몰라도. (가람)

이사 떡을 직접 돌렸던 가람은 왜 이렇게 맨날 파티를 하느냐는 이웃의 불평을 접했다. 그가 말하는 '파티'가 가람에게 좋게 들렸을 리 없다.* 어느 동네를 가나 교회가 단단한 네트

---

* 2020년 코로나19 유행 초창기, 기독교인들은 종교시설 집합금지 행정명령으로 인해 집에 모여 예배를 보기도 했는데, 무지개집 골목의 주택가 또한 주말 아침이면 찬송 소리로 시끄러웠다는 후문이다.

워크를 쥐고 있다는 걸 아는 가람은 대개의 교회가 성소수자에게 적대적인 태도를 취하기 때문에 위축되었다고 말했다. 성소수자에게 우호적이지 않은 세상을 바꾸기 위해 변호사로서 숱한 싸움을 해온 그이지만 이는 또 다른 문제였다. 활동가로서가 아닌, 이 골목에 '사는 사람'으로서 느낀 위축감이자 '마을에 어울려' 살고자 하는 소망의 위축이었기 때문이다.

이 집 자체가 겉으로 봤을 때는 성소수자가 살고 있는 집이라는 게 전혀 안 보이는 집이잖아요. 초반부터 그런 게 알려지지 않도록 조심해야 한다는 얘기를 많이 했던 것 같아요. 사람들이 와서 해코지할 수 있으니 조심해야 한다는 얘기를 했었고. 저는 자유롭게 드러내고 무지개 깃발 같은 것도 걸고 그러면 좋겠다는 생각도 있는데, 확실히 현재 삶에서 그런 것들에 대한 두려움이 있어서 쉽지는 않겠다는 생각이 들었어요. (디오)

이와 비슷하게, 초창기 성소수자 인권단체들은 단체 사무실의 주소를 잘 공개하지 않았다. 우체국 사서함 서비스를 이용해 우편물을 수령하는 단체도 있었다. 지금은 주소도 공개하고 간판을 걸기도 하지만, 이러한 변화는 사회적으로 혐오가 줄어들었기 때문이라기보다 성소수자 공간에 대한 '해코지', 즉 테러가 발생했을 때 이를 혐오범죄로 언어화하고 맞서 싸울 내공이 쌓였기 때문일 것이다. 두려움의 원인이 사라지지 않았으며 오히려 지난 수년간 조직적 혐오가 수면 위로 올라왔다는 점을 고려한다면, 내가 사는 곳을 성소수자의 집이라고 공개적으로 드러내는 일은 여전히 쉽지 않다.

그럼에도 불구하고, '망원동 좋아요'

무지개집이 망원동에 자리잡은 건 우연이 아니다. 합정-홍대의 인프라, 편리한 교통, 근처의 한강공원 등은 모든 거주자가 만족하는 지리적 이점이었다. 2019년 준공되고 2022년 기준 10억대를 호가하는 마포한강아이파크 아파트가 들어서기 이전의 망원동은 땅값이나 집값이나 그리 비싼 곳이 아니었다. 그러나 무지개집이 망원동을 택한 가장 중요한 이유를 경제적 요인으로 꼽기는 어려워 보인다.

사람들이 예사롭지 않아요. 나이가 좀 있어 보이는데 결혼은 안 한 것 같은 언니? 자기만의 세계가 있는 듯한 냄새를 풍기는 사람들? 이 동네에 노인도 많고 아이 있는 가족들도 많은 것 같은데, 조금 다른 사람들도 섞여 사는 것 같아요. 예술가일 수도 있고, 소위 '힙 터지는' 사람들이 있다고나 할까요. (더지)

여기 살기 전에, 제가 아는 분 중에 망원동에 사시는 분이 있었어요. 아기 엄마인데 머리를 빡빡 밀었던 분이 있었어요. 그분이 말하기를, 망원동에 사니까 자기가 머리를 이렇게 하고 다녀도 아무도 자기를 돌아보지 않아서 좋다고 하더라고요. 망원동이 주는 자유로운 느낌은 알고 있었어요. 또 세월호나 이런저런 이슈로 서명을 받을 때, 이상하게 너무 많이 해주는 거예요. 꼭 이 지역에서 활동하지는 않더라도 시민단체 활동가나 연구자들도 많이 사는 것 같고. (오김)

자기만의 세계가 있는 듯한 냄새가 나는, 머리를 빡빡 민아기 엄마가 사는, 그런 모습을 뭐라 하지 않는 동네라는 이야기들은 곧 망원동이 다양성이 흐르는 장소라는 의미일 것이다. 그 때문에 무지개집 사람들은 망원동에서 자신이 그렇게 이질적이거나 튀는 존재로 느껴지지 않는다. 게다가 진보적 사회문제에 관한 서명을 "이상하게 너무 많이 해주는" 곳이기에 잘 알지 못하는 구석구석에 '우리 편들이' 살고 있을 거라는 기대도 하게 만들었다. 서울 어딘가에 자리를 잡아야 한다면, 그건 바로 망원동이었던 것이다.

거주자들의 성소수자 친구들이 이미 많이 살고 있는 동네 또한 망원동이었다. 동네 술집에, 식당에 앉아 있다가도 아는 사람들이 지나가는 걸 볼 수 있었다. 마을버스를 타면 얼마 지나지 않아 아는 레즈비언커플이 올라타 반갑게 인사를 나누었고, 동네 마트에 가면 장 보는 게이커플을 마주쳤다. 무지개집이 들어선 골목만 놓고 보면 "무지개집 하나로는 안 되는" 한계가 보이지만, 시야를 조금만 넓히면 동네 곳곳에 점점이 찍혀 있는 성소수자들이 마주치고 연결되는 동네가 바로 이곳이었다. 그런 연결들은 다소 답답했던 골목의 숨통을 트여주었다.

> 과거에 이 마포 지역에 레즈비언이 많이 살았잖아요. 내가 아는 레즈비언활동가들도 지금은 은평구로 많이 넘어갔지만 마포 지역에 많이 살았었고. 마포레인보우주민연대도 있었고. 이 동네에 LGBT들이 살고 있다는 걸 알고 있으니 거기에서 나오는 어떤 지역 사회성이 있을 거라고 생각했던 것 같아요. LGBT들이랑 많이 만날 수 있겠구나. (가람)

망원동이라는 지역에서 성소수자 이웃을 만들 수 있으리라는 기대는 자연스러운 것이었다. 무지개집 거주자들은 두 달에 한 번 일명 'LGBT 번개'를 열었다. 1층 홍다방에 성소수자 이웃들을 초대한 것이다. 준비 과정은 이러했다. 거주자 회의에서 날짜와 담당자를 정해 페이스북의 '망원동 좋아요' 그룹에 홍보를 하고, 신청자들에게는 집 주소를 따로 알려준다. 음식 준비팀은 미리 모여 고추잡채, 월남쌈 등을 만들어 상차림을 했다. 참여자들이 삼삼오오 도착하면 무지개집이 어떻게 생겼는지, 이곳에 사는 사람들이 어떻게 사는지 등을 건물 전체를 산책하듯 함께 둘러보며 소개해주었다. 흥다방에 둘러앉아 차려진 음식을 들며 자기소개를 했다. 부담되지 않는 가격대에서 미리 준비한 선물들을 한곳에 모아놓고, 무작위로 선물을 뽑으며 그 선물을 준비한 이가 생각한 의미와 받은 이의 느낌들을 나눴다. 이러저러한 이야기가 오가고 소극적이든 적극적이든 서로의 존재에 집중하는 데 기꺼이 에너지를 썼다.

> 예전에 제가 세입자로 살았을 때는 이 동네에 누가 사는지 전혀 몰랐거든요. [그런데 이제는] 번개나 주위에 사는 사람들이 놀러 오는 것들이 있으니까 아는 이웃들이 생겼고요. 망원동에 어떤 사람들이 살고, 어디 가게가 괜찮다는 정보도 알게 되고. 그냥 뭐 연희동이나 신촌 쪽에 살 때는 제가 그 지역의 주민이라는 생각을 안 했거든요. 여기는 주위 사람들을 조금씩 알게 되는 게 큰 차이인 것 같아요. (연경)

LGBT 번개에 온 한 이웃은 자신이 운영하는 게스트하우스에 무지개집 사람들을 초대하기도 했다. LGBT 번개에 참석했던 다른 이웃들도 함께한 자리였다. 동네 이웃을 알게 된다는 건 이전의 삶과 비교했을 때 "큰 차이"였다. 이웃을 통해 동네를 상상할 수 있고, 동네에 속한 나를 느끼게 된다. 마을에 어울려 살고자 하는 의지로 출발한 LGBT 번개를 통해 이웃을 사귀어본 무지개집 사람들은 이웃들 덕분에 동네를 달리 경험하게 되었다. 게다가 이웃들은 예상치 못한 방식으로도 다가왔다.

> 페이스북에 '망원동 좋아요'라는 그룹이 있어요. 거기에 번개 한다고 홍보글을 올렸는데, 어떤 사람이 "저런 게이 성소수자 너무 당당하게 올리는 거 역겹다" 이런 식으로 댓글을 단 거예요. (백팩)

그 전까지 LGBT 번개 홍보글에 악플이 달린 적은 없었다. 썰렁한 무반응을 방지하기 위해 무지개집 사람들이나 동네 지인들이 좋아요를 눌러주고, "너무 가고 싶은데 시간이 안 맞아 아쉽다"는 댓글이나 다른 퀴어 행사를 홍보하는 댓글이 달리는 정도였다. 뜨겁지도 차갑지도 않던 그곳에 '역겹다'는 악플이 달렸다는 소식이 거주자들의 휴대폰을 울리자, 사람들은 다소 거칠어진 숨을 고르며 '망원동 좋아요'로 몰려갔다. 하지만 그 댓글은 이미 지워진 뒤였고, 무지개집 사람들이 보게 된 건 지워진 혐오 댓글을 비난하는 다른 댓글들뿐이었다.

> 그 글에 댓글이 엄청 많이 달렸어요. "이 사람 누구냐, 운영

마을에 어울려 살고자 하는 의지로 출발한
LGBT 번개를 통해 이웃을 사귀어본
무지개집 사람들은 이웃들 덕분에 동네를
달리 경험하게 되었다. 사진은 2017년
무지개집에서 열린 바자회 모습.

자 빨리 처리해라" "조선시대인 줄~" 이런 댓글이 엄청 달렸어요. 순식간에 정말 많은 댓글이 올라온 거예요. 운영자는 나쁜 댓글을 단 사람을 바로 탈퇴시켰던 것이고요. 그래서 그때 이 동네에 대한 신뢰나 정이 많이 쌓인 것 같아요. 이동네 굉장히 신기한 동네구나. 사회가 하지 못하고 있는 걸이 동네에서는 하고 있구나. (백팩)

최근에 '망원동 좋아요'에 어떤 여자분이 글을 올렸는데, 어떤 남자가 쪽지를 보내면서 계속 자기랑 만나자고 희롱을한 거예요. 여자분이 그것 때문에 불쾌했다는 이야기를 올렸어요. …… 운영진은 다음 날 그룹을 비공개로 바꿨어요. 이 한 사람에게 피해가 있었다는 이유로, 2만 명의 커뮤니티를 더 이상 공개로 유지하지 않겠다고 조치를 취한 거예요. 그것 때문에라도 여기는 안전하다는 생각이 들죠. (오김)

악플 사건은 전화위복이 되었다. 무지개집 사람들은 망원동에 대해 말할 때면 꼭 그 이야기를 꺼내며 "사회가 하지못하고 있는 걸 이 동네에서는 하고 있"다는 신뢰와 자부심을 내비쳤다. 꼭 성소수자가 아니더라도 우호적인 이웃들이 있다는 걸, '우리 편'이 있다는 걸 확신하게 된 계기였던 것이다. 이곳의 지역성을 구성하는 게 고급빌라의 터줏대감들만은 아니라는 사실도 함께 깨달았다.

그렇게 어느 해 킴은 퀴어문화축제를 기념해 베란다에
슬며시 무지개 깃발을 걸었다. 코러스보이는 집 앞 화단 장미
넝쿨 옆에 무성애자를 상징하는 깃발을 꽂아본다.

우리도 주민이다

무지개집 사람들은 '혼자 살았다면 절대로 하지 않았을'
행동들을 하며 성큼성큼 지역 안으로 들어가기도 했다. 코러
스보이는 동사무소에 가서 동네 문제를 적극적으로 제기하고
'성소수자 친화적인 마을을 만들어야 한다'는 제안도 던지고
왔다. 코러스보이는 일터도 망원역에 위치한 무지개의원이고
무지개집도 망원동에 있으니까 이 동네에서 좀 더 시끄럽게
살기로 용기를 냈다. 무지개집의 소소한 생활 풍경을 담은 '아
주 보통의 마을'이라는 칼럼을 《한겨레》에 연재하기도 했다.

망원동은 지역공동체가 좀 활성화된 곳이라서 서울시에서
지원을 받는 프로젝트 같은 걸 많이 하거든요. 한번은 망원
동 주민제안 공모사업을 한 적이 있어요. 동사무소에 모여
서 하는 건데. 혼자 살 때 같으면 거기 내가 미쳤다고 가요?
무지개집이 있으니까 무슨 이야기를 하는지 들어봐야겠어
서. 의견제안서에다가 성소수자 친화적인 마을을 만들어야

한다는 그런 이야기를 썼어요. 용기가 생긴 거죠. 왜, 나 혼자가 아닌데? 여기 열다섯 같이 사니까. 우리 같이할 수 있잖아. (코러스보이)

매년 연말마다 서울시에서는 '서울시 공동체주택 아이디어 대회'라는 것을 열었다. 참여자들은 새로운, 다양한 공동체 살이를 자랑하는 발표를 하고 입상한 공동체는 소정의 상금도 받는다. 무지개집이야말로 꼭 나가야 할 자리였다. 옥상텃밭, 김장, LGBT 번개 등 입상 의지를 가득 담은 자료를 만들어 제출했다. 그 결과, 서울시로부터 장려상을 수상하게 되었으니 시상식에 참석해 발표를 하라는 연락을 받았다. 그런데 한마디가 더 붙었다. "내용은 너무 좋은데 성소수자만 지워주실 수 있을까요?" 정말이지 당찮은 소리였다. 성소수자 관련 행사에 대관을 불허하거나 이미 승인한 행사를 취소하는 등의 사건이 연이어 발생했기에 낯설지 않은 주문이었지만, 매번 화가 치밀어 오르는 건 어쩔 수 없다. 이미 여기에 성소수자가 살고 있는데 그 삶을 드러내지 말라니 너무나 부당한 요구였다. 그걸 빼면 무지개집이라는 이름도, 모여 살게 된 의미도, 무지개집이 특별한 이유도 설명되지 않는다. 코러스보이는 '프로 민원러'가 되어 장문의 메일을 보냈고, '성소수자'를 뺀다 만다 답하지 않은 채 시상식 발표자로 오김이 나섰다. 당연히 발표 내용에 수정은 없었다. 발표는 무사히 끝났고 거기에 모인 다른 노인공동체, 청년공동체들에게도 큰 박수를 받았다. 무지개집에는 상패와 상금이 주어졌다.

사실 이런 일은 행정가들이 성소수자 친화적인지 적대적인지의 문제로 발생하지 않는다. 정부나 지자체, 국회 등에서 성소수자를 포용하는 듯한 제스처를 보였을 때 업무가 마비될 만큼 민원전화가 쏟아지는 일이 잦기 때문에 발생한다. 행정가들의 두려움도 바로 여기에 있다. 그러나 민원 폭탄을 우려해 성소수자를 지워달라는 요구를 아무렇지 않게 하는 것 또한 가만히 두고 볼 수 없는 문제다. 무지개집 사람들은 만약 서울시에서 발표를 막거나 시상을 취소할 경우 이를 아주 큰 문제로 삼고 시끄럽게 만들어주리라 마음먹고 있었다. 다행히 '성소수자'를 지우지 않고도 발표는 무사히 진행되었고, 무지개집이나 담당 부서에도 별일이 일어나지 않았다.

저같이 성소수자커뮤니티를 하지 않는 사람은 요즘의 LGBT 이슈가 어떤 건지 챙겨보지 않으면 놓치게 되는데, 같이 사는 사람들이 거기에 발 담그고 있기에 [자연스럽게] 알게 되고, 정치적인 감각도 갖게 되는 것 같아요. 혼자 살 때는 인터넷도 안 하고 텔레비전, SNS도 안 보고 그래서 정보에서 소외됐는데 여기서 살면서는 어떤 문제들이 있고, 어떤 대처를 해야 하고, 어떻게 같이하는 게 좋을지 그런 생각들을 하게 되죠. 예전에는 정치적으로 나를 표현하

옥상텃밭, 김장, LGBT 번개 등 입상 의지를
가득 담은 자료로 수상한 서울시 공동체주택
아이디어 대회 장려상. 그런데 발표
자리에서 '성소수자'를 지워달라니?
당찮은 소리였다.

고 드러내는 것에 대해 고민하지 않았는데, 이 집에 와서는 LGBT 정체성에 대해 더 많이 생각하게 되었어요. 우리가 살고 있는 이 공동체를 어떻게 알리고 어떻게 공유할 것인지에 대해 고민을 항상 하기 때문에, 그게 되게 많이 바뀌었죠. 내가 운동하는 사람처럼 느껴지기도 하고요. (연경)

서울시 공동체주택 아이디어 대회 사건을 통해 거주자들 사이에서는 '이 공동체를 어떻게 알리고 공유할 것인지'에 대한 정치적인 고민이 촉발되기도 했다. 성소수자 정체성이 반드시 정치적 행동으로 귀결되는 건 아니지만, 무지개집이 스스로 담장을 넘고자 할 때는 그들이 성소수자라는 이유로 정치적인 행동이 될 수밖에 없었던 것이다.

거주자들은 '보통 주민'들에게 모습을 드러내기도 했다. 무지개의원이 주최한 '지역주민-조합원 노래경진대회'에 출전한 것이다. 이를 위해 흥다방에 모여 악보까지 보며 열심히 노래 연습을 했다. 이왕 참가할 거라면 제대로, 성소수자의 다양한 정체성을 상징하는 깃발을 흔드는 웅장한 피날레도 준비했다. 거주자들 대부분이 게이 합창단 지보이스, 퀴어페미니스트 합창단 아는언니들 등에서 활동하며 여기저기서 공연하는 데 닳고 닳은 사람들이기도 했다. 합창단 정기공연뿐만 아니라 세월호 인양 촉구 범국민대회(팽목항), 쌍용자동차 투쟁(평택) 등에 달려가 연대의 뜻을 전하는 공연을 해왔다.

마포의료생활협동조합의원[현 무지개의원]은 제가 일하는 곳인데, 거기서 의원 개원 3주년을 맞아 지역주민 노래자랑 이런 걸 했어요. 우리는 무지개집이라는 이름을 딱 걸고 대회에 나갔어요. 이 지역공동체에 우리가 성소수자 정체성을 가지고 들어갈 수 있다는 것 자체가 좋았던, 의미 있었던 것 같거든요. (코러스보이)

사실 무지개집 사람들에게 지역주민 노래자랑은 조금 다른 차원의 자리였다. 합창은 수단에 불과했으리라. 합창을 하는 2~3분 동안 무지개집 사람들이 말하고 싶었던 건 '우리는 성소수자이고, 우리도 마포구 주민입니다'였을지 모른다. 마포에 사는 생활인이자 성소수자라는 메시지가 지역주민들에게 어떻게 받아들여질지 다소 긴장되기도 했을 것이다. 심지어 코러스보이는 무지개의원에서 일하고 있으니 지역주민들을 계속해서 마주해야만 하는 사람이었다.

4성부로 나뉜 합창곡의 예술성이 지나쳤던 걸까. 아니면 꽤나 비장한 선곡과 소소한 실수 때문이었을까. 준비하는 데 들인 노력과 동원된 인원수, 그리고 성소수자로서의 용기가 가산점이 되지 않을까 하며 내심 기대했던 결과는 2등이었다. 1등은 흥 많은 아빠와 아이들의 무대에 돌아갔다. 게다리 춤을 추는 아이들을 어떻게 당해낼 수 있으랴.

심사위원들은 우리가 어떤 사람들인지 알 만한 사람들이었지요. 전반적으로 [무지개집을 보는] 객석의 분위기는 그냥 마포구에 있는 '함께주택협동조합 젊은 애들' '뜨내기들' '1인 가구들이 그냥 모여서 사는 집'이었던 것 같아요. 동네의 주인은 아닌 것 같은 느낌이었다고 할까요. (가람)

성소수자들이 '가족적인 것'과 어울리고 경쟁하는 건 다소 낯선 일이었다. 무지개집 사람들은 아이로 완성되는 다른 가족들이 자신들보다 더 '주민스럽게' 보인다고 생각했을지도 모른다. '젊은 애들=1인 가구=뜨내기들'이라는 통상적인 인식은 '동네 주민'이라는 말이 환기하는 '평범한' 가족 이미지의 대척점에 있다. 무지개집의 무대가 동네 사람들의 박수를 받은 것만으로도 어느 정도는 성소수자 친화적이라고 볼 수도 있겠지만, 다르게 보면 그곳은 반감도 환대도 조화도 분리도 잘 느껴지지 않는, 반응이 유보된 공간처럼 보이기도 했다. 그날 무대에 섰던 사람들은 '우리가 어떤 사람들인지' 해석되지 않거나 관심을 두지 않는 공간처럼 느껴지기도 했다고 말했다. 성소수자가 주민이자 생활인으로서 받아들여진다는 건 한 동네가 퀴어 혐오적 또는 퀴어 친화적이라는 의미 너머에 있는 일일지도 모른다. '성소수자'란 낯섦과 '주민'이라는 친숙함 사이를 연결하는 다양한 접촉이 요구되는 다분히 실천적이고 물질적인 과제인 것이다.

퀴어한 우리만큼 '이상한' 이웃들

2019년 무지개집은 마포희망나눔이라는 단체의 후원주점 행사를 함께 열었다. 마포희망나눔은 마포구 저소득층 노인과 아동의 의식주·문화 등 생활의 필요를 해결하기 위한 공동체적 노력을 기울여온 단체다. 그해 후원주점 행사에서 마포희망나눔은 먹거리 준비를 맡았고 무지개집은 행사의 재미를 맡았다. 성산동에 위치한 성미산마을회관에 주점을 차리자 동네 풀뿌리운동에 연결된 다양한 사람들이 하나둘 발걸음했다. 막걸리가 돌고 전 부치는 기름 냄새가 가득해졌을 즈음, 무려 퀴어들의 아이돌 이반지하가 행사의 사회자로 등장했다. 그 역시 망원동 주민이었다. 이반지하는 이따금 주최자를 무지'개집'이라고 강조해 소개하며 폭소를 자아냈고 성소수자에 대한 정치적 올바름을 유쾌하게 비틀기도 했다. 재치 넘치는 매력적인 사회자 덕분에 무지개집은 제대로 소개되고 편안하게 읽혔다. 무지개집 게이 거주자들은 망원시장에서 산 꽃무늬 옷을 입고 손끝에 끼를 담은 공연도 했다.

그러나 퀴어한 건 무지개집 사람들만이 아니었다. '과연 동네 행사에 디제잉이 먹힐까?' 생각했는데 웬걸, 무슨 흥들이 그렇게 많은지 비좁은 스테이지에서 정체성 불문 춤판이 벌어졌다. 목소리 큰 여장부 같은 언니는 왠지 이쪽(레즈비언)인 것 같은데, 옆에 앉은 사람이 남편이란다. 머리 긴 청년이

2019년 마포희망나눔 후원주점
'작은살롱' 홍보 포스터. 무지개집을 통해
담장을 넘어본 거주자들은 마을을
새롭게 인식하고 경험하면서 스스로
마을에 속한 사람이 되었다.

들어오더니 그 곁에 앉는다. 그 언니의 아들이란다. 행사가 끝나고도 집으로 발걸음을 돌리기가 아쉬웠던 무지개집과 성미산마을 사람들은 이 마을의 사랑방 같은 술집 '알루'에 모여 뒤풀이를 했다. 성미산마을과 무지개집에 사는 게 어떤지에 대해 대화도 나눴다. 큰 소리로 같이 노래를 부르고 춤도 추었다. 흥 많은 이웃을 만나 더더욱 흥이 오른 밤이었다. 들리는 후문에 따르면, 이 이웃들은 여성 성소수자 체육대회 '퀴어여성게임즈'에도 팀을 짜서 출전했다고 한다. 응원단도 데려왔단다. 무지개집 사람들은 모든 자리에 다 끼는, 이 못 말리는 이웃이 재미있고 사랑스럽다.

망원동에 사는 성소수자들은, 아니 망원동에 살지 않는 성소수자들 또한 한 번쯤은 '망프란시스코'를 상상하지 않을까. 퀴어프라이드 기간이면 도시 전체가 무지개로 물든다는 샌프란시스코 같은 공간으로 내가 사는 동네를 만들고 싶다는 염원 말이다. 시간과 공간을 이웃과 나누는 경험이 켜켜이 쌓인다면 언젠가 그러한 염원도 실현 가능할지 모른다.

무지개집 사람들 대부분에게 무지개집 이전에 경험했던 집은 마을로 통하지 않는 곳이었다. 그때의 집은 퀴어로서의 정체성을 드러내지 못한다는 점에서 닫힌 장소로서의 집이었고, 따라서 마을로 통할 수도 없었다. 이들은 마을에 바라는 것이 없었으며 마을도 이들에게 특별한 의미를 주지 못했다. 그러나 무지개집을 통해 담장을 넘어본 거주자들은 마을을 새롭게 인식하고 경험하면서 스스로 마을에 속한 사람이 되었다. 내가 여기에 살고 있음을 말하고 드러내며, 이웃을 환대하고 이웃에게 환대받을 수 있는 동네 사람이 되기로 한 것이다. 나아가 다른 이웃들의 경험을 확장해주기도 하는 그런 이웃이 되었다.

도시에서 지역성을 만들고 다르게 변화시키는 것, 그리고 이웃으로부터 안전하다는 느낌을 받는 건 쉽지 않은 일이다. 무지개집 사람들은 고급빌라, 연예기획사, 교회, 시민단체, 작은 가게, 지역 풀뿌리운동 등 이질적인 것들이 섞여 있는 망원동에서 다양한 규범과 문화가 경합하는 장소로서의 동네를 만났다. 그러면서 동네 공간을 점유한다는 것, 이웃을 만든다는 것, 주민이 된다는 것 모두가 정치적인 것임을 깨닫게 되었다. '우리끼리 비밀로 사는 것'과 '마을에 어울려 사는 것' 사이에 존재하는 경험 세계의 격차 또한 체감했다. 마을에 어울리는 경험이 늘어나는 만큼 지역 안에서 숨 쉴 수 있는 공간 또한 확장된다는 걸 느낀 것이다. 더 많은 퀴어들이 함께 어울려 사는 소소한 일상을 성취해낼 수 있기를 고대한다.

6

**소속과 자유,
그리고 주거안정**[*]

＊ 소속과 자유라는 두 단어의 조합은 엄기호의 칼럼에서 가져왔다. 엄기호는 장애인의 지하철 타기 이동권투쟁이 땅/장소(토포스)에 속할 권리의 선언이라고 말했다. 그는 장소라는 뜻의 토포스가 '집'과 '이동' 두 의미를 모두 가리킨다고 설명하며, 이는 집 있는 사람만이 이동할 수 있고 집 없이 움직이는 건 망령처럼 떠도는 것에 불과하기 때문이라고 말했다. "[땅은] 주거와 이동 모두를 아우르는 '곳'일 때 비로소 그 존재에게 토포스가 된다. 어느 하나만 있으면 감옥이거나 헤매는 것일 수밖에 없다." 또한 엄기호는 이동권투쟁이 시간의 자유를 위한 투쟁이라고 했다. 특정한 시간에 묶이거나 갇힌 존재로 남겨지는 한 인간은 무리에 소속된 자로서만 존재하고 이름 붙여지기에, 자기만의 개별 동선을 가질 때 비로소 개인이 된다는 것이다. 그는 다음과 같이 말했다. "결국 개인이란 '생애'라는 시간의 주권자를 뜻한다. 다른 말로 하면, 시간 주권이 없는 한 그는 자신이 속한 정치체인 나라의 주권자도 될 수 없고 자기 생애의 주권자인 개인도 될 수 없다." 엄기호, 〈장애인에게 '긴다'는 것의 의미〉, 《한겨레21》 1412호, 2022.5.16.

2022년 3월 9일 실시된 제20대 대통령 선거에서 유권자들은 새 대통령이 풀어야 할 1순위 과제로 부동산문제 해결을 꼽았다. 문재인 정부의 부동산정책 실패가 정권 교체를 강하게 추동했다는 분석이 지배적이다. 부동산 가격을 잡겠다던 문재인 정부가 임기 내내 25차례나 정책을 만들어 발표했음에도 왜 모조리 실패했는지는 여기서 다루지 않는다. 다만 분명한 사실은 한국사회를 살아가는 시민에게 주거문제는 생존과 같은 의미로 통용되고 있다는 것이다. 소득이나 자산의 차이에도 불구하고 중산층 이하의 사람들이 주거안정과 자산증대를 위해 소득의 대부분을 쏟아붓고 있다는 점에서는 비슷한 듯하다. 그러나 대출받는 과정에서도 신혼부부나 직장인만을 우대하는 정책이 다른 사람들을 차별하는 결과로 이어지고,

대출정책이 생기는 그만큼 임대료가 상승하는 게 현실이다.

한국의 주거정책은 매우 빈약하다. 대부분은 부동산 개발과 공급에 대한 정책이고, 아주 일부만이 주거복지정책으로 마련되어 공공주택 공급이나 주거비 지원 등이 이루어진다. 이명박 정부 때 본격화된 보금자리주택과 같은 주택구입 활성화 정책, 박근혜 정부 때 본격화된 청년층·신혼부부 맞춤형 행복주택 공급 속에서 주택을 구입할 경제적 여력이 없거나 청년 혹은 신혼부부가 아닌 경우에는 주거복지정책을 이용하는 것조차 어렵다. 지금 한국사회가 겪고 있는 주거문제는 건국 이래 켜켜이 쌓여온 토지 소유의 문제, 가족을 통한 재산 상속의 문제, 삶의 질보다 자산 형성을 목표로 살도록 만든 문화의 문제, 저성장과 불평등의 문제가 뒤엉킨 매우 복잡한 문제이다.

주거정책은 정부가 구사해온 인구정책의 기조 아래에서 특정한 생애주기와 삶의 형태를 '정상'이라고 상정하거나 기대하면서 추진되어왔다. 인구정책은 인구의 구성과 재생산이 국가와 사회의 재생산에 기여하도록 마련되는 정책인데, 1960~1970년대 발전주의 국가 기조 아래에서는 인구를 줄이도록 하는 가족계획 사업과 연동되었다. 반면에 2000년대 이후에는 저출산·고령사회 구조에 직면하여 국가는 혼인과 출산을 장려하면서 동시에 신자유주의적 국가 운영 기조에 따라 규제 완화와 시장화를 통한 주거정책을 구사해왔다. 이에 따라 주택을 구입할 자금이 없거나, 대출할 능력이 없거나, 주택공급 대상인 신혼부부 혹은 '도시근로자'가 아닌 경우에는 주거안정을 이루기가 더욱 어려워졌다. 하지만 이들을 위한 자리는 정책에 마련되어 있지 않다.

가족구성권연구소는 가족정책이 주거정책과 긴밀하게 연결되어야 하는 필요에 대해서 역설해온 바 있다. 가족구성권을 보장하는 가족정책이 시행될 때에야 시민 누구나 자신이 원하는 사람과 원하는 방식으로, 상호적인 협조와 부양, 돌봄의 행위 속에서 살아갈 수 있기 때문이다. 따라서 국가와 사회는 그러한 정책을 마련해야 할 책임이 있다. 삶을 유지하는 가장 중요한 조건 중 하나는 적절한 주거의 마련과 안정된 정주일 텐데, 이는 단지 금전적인 여력만의 문제가 아니다. 주거문제는 국가가 제도적으로 어떤 존재와 관계성을 무시하고 보호하지 않는지, 어떠한 삶의 방식과 형태를 더 가치 있다고 판단하는지의 문제와도 연결되어 있다. 이러한 가치판단은 공적 자금과 자원을 누구에게 어떠한 이유로 투여할 것인가에 영향을 미친다.

'집은 가족이 함께 살아가는 곳'이라는 간명한 명제에서 가족을 이루지 않거나 이루지 못하는 많은 이들, 사회적으로 가족이라고 인정받지 못하는 관계들, 가족을 이루었다가 자의 혹은 타의로 해체 후 위기에 처한 이들, '비정상'이며 성적으로 문란하다고 낙인찍히는 이들은 쉽게 지워진다. 이들은 어떻게든 살아가고는 있지만 주거환경이 불안정하거나 안전하지 않거나 물리적으로 취약할 가능성이 높다. 안정된 정주는 자유를 보장하는 조건이다. 성소수자로서 자신을 드러내고, 표현하고, 자유롭게 관계 맺는 것. 이러한 자유가 보장되지 않는 소속은 통제로 작용할 가능성이 높다. 집에서 청소년의 위치, 거주시설에서 수용자의 위치가 바로 그렇다. 그렇다면 성소수자가 안전하고 자유로운 삶을 살아가도록 하는 집, 지속 가능한 삶을 보장하는 장소의 측면에서 무지개집을 살펴볼 수 있지 않을까? 나아가 나 자신으로서의 생애 기획을 가능하게 하는 장소로서의 측면도 중요하게 고려해볼 필요가 있다.

성소수자 차별과 주거권의 상관관계

성소수자 주거권 네트워크는 2020년 5월부터 2021년 4월까지 '원가족으로부터 독립한 만 19세 이상 성소수자'를 대상으로 〈성소수자 주거실태 및 주거불안에 관한 연구〉를 진행했다. 설문조사에는 총 949명의 응답자가 온라인으로 참여했다. 현재 어떤 상황에서 살고 있는지 주거현황을 파악하고, 주거를 불안하게 만드는 요소들(비용, 불편한 경험 등)을 조사했으며, 주거 선택 시 성소수자로서 고려하는 사항은 무엇인지, 그동안 어떠한 경로를 그리면서 주거를 경험해왔는지 등을 질문하고 당사자들이 원하는 주거정책을 청취했다. 설문조사 이후엔 17명을 대상으로 심층인터뷰도 진행했다.

　　이 연구보고서를 읽으면 한국사회를 살아가는 성소수자의 대략적인 주거상황과 주거경험이 그려진다. 이 보고서는 첫째, 성소수자가 평균 연령대 대비 열악한 주거환경에 놓여 있다고 보고한다. 성소수자의 경우 성소수자가 아닌 이들에 비해 아파트에 거주하는 비율이 절반 이상 낮은 것으로 나타나는데, 이는 제도적으로 파트너와 혼인관계를 맺지 못하는 성소수자들이 신혼부부를 대상으로 하는 다양한 주거정책에서 제외된다는 점, 그리고 이와 연관되어 1인 가구의 비율이 높다는 점 등이 주요한 원인으로 추측된다.* 둘째로, 보고서는 성소수자가 주거비용 대비 주거환경 또한 열악한 상황에 처해 있다고 보고한다. 응답자의 많은 수가 15평 미만의 집에서 월세 50만 원 미만을 내며 거주하고 있는 것으로 나타났다.** 응답자들의 (반)지하와 옥탑방 거주 비율은 전국 일반 가구 대비 약 6배 정도 높은 것으로 나타났다.***

　　또한 이 조사는 성소수자 안에서도 존재하는 차이를 드

---

*　　성소수자 주거권 네트워크, 〈성소수자, 주거권을 말하다〉 자료집, 2021. 이 자료는 다음의 링크에서 볼 수 있다. https://dawoom-t4c.org/130
**　　같은 글, 28쪽.
***　　같은 글, 33쪽.

러낸다. 자신의 성별정체성을 남성 혹은 여성과 같은 시스젠더로 규정하지 않는 트랜스젠더와 논바이너리/젠더퀴어의 경우 주거상황이 훨씬 더 열악하다는 점이 나타난 것이다. 보고서에 따르면 시스젠더 여성과 시스젠더 남성에 비해 트랜스젠더와 논바이너리/젠더퀴어의 주거공간이 더 협소한 것으로 파악되었으며, 특히 트랜스젠더의 주거공간이 가장 협소한 것으로 나타났다.* 이웃과의 교류를 묻는 질문에서도 차이가 나타났는데, 시스젠더와 논바이너리/젠더퀴어 모두 이웃과의 교류가 적다고 답했으나 그 이유에 대해 시스젠더는 '이웃의 간섭이 불편해서'라고 응답한 비율이 가장 높았던 반면, 트랜스젠더는 '의도치 않은 아우팅 때문'이라고 응답한 비율이 가장 높았다. 원가족으로부터 독립한 이유를 묻는 질문에 대해서도 전체 응답자 중 10.4%가 가족 내 정서적/물리적 고통과 학대를 꼽았지만 논바이너리/젠더퀴어로만 좁혀보면 그러한 응답 비율은 25%로 올라갔다. 트랜스젠더의 경우 독립의 이유로 '성소수자라는 정체성'을 꼽은 비율은 23.2%로 나타났는데, 이는 시스젠더 여성과 시스젠더 남성의 경우 각 2.6%, 2.8%만이 해당 이유를 꼽았다는 점에서 매우 대비되는 지점이었다.**

---

*   같은 글, 31쪽.
**   같은 글, 58~59쪽.

심층인터뷰에서는 보다 다양한 주거경험이 드러났다. 독립한 공간에서도 방문하는 원가족이나 집주인, 관리인 등에게 자신의 정체성을 숨기는 것이나 계약이나 재계약 시 성소수자라는 이유로 불이익을 받은 경험 등이 많이 언급되었다. 트랜스젠더의 경우 외모와 신분증의 성별이 다를 때 보다 직접적으로 차별상황에 노출되는 것으로 드러나기도 했다.

성소수자 주거권 네트워크의 이러한 조사 결과는 무지개집의 사회적 의미를 가늠하는 데 중요한 참고가 된다. 물론 무지개집에는 트랜스젠더나 논바이너리/젠더퀴어로 자신을 정체화하는 구성원이 없었기 때문에 이러한 성소수자 공동주택이 어떠한 영향을 미칠지 알기 위해서는 좀 더 시간이 필요하기도 할 것이다. 그럼에도 중요한 사실은 성소수자의 주거불안이 소득과 일자리의 문제와도 연결되어 있다는 것이며, 혈연가족과 이웃 등의 통제와 차별로 인해 발생하고, 자신의 정체성과 관계를 인정받지 못하는 사회에서 증폭된다는 것이다. 따라서 성소수자의 주거불안은 주택공급의 문제를 넘어선다.

무지개집은 어떻게 '안전한' 집으로 감각되는가

성소수자 주거권 네트워크의 연구를 통해 살펴본 것처럼 한국의 성소수자가 안정적인 주거환경을 확보하기 어려운 상황에서 무지개집은 중요한 의미를 지닌다. 무지개집 사람들은 원가족과의 관계, 직장에서 자신을 드러내는 정도, 성소수자커뮤니티에 참여하는 방식 등에서 나름의 차이를 가지고 있지만 가족, 이웃, 커뮤니티의 역할을 복합적으로 하는 무지개집이라는 곳에 산다는 공통점을 가지고 있다.

무지개집은 살을 맞대고 밥을 나누고 잠들었다가 깨어나는 일상을 함께하는 구체적인 커뮤니티다. 퀴어로서의 정체성을 확인하거나 소속감을 느낄 수 있는 먼 거리의 성소수자커뮤니티가 아니라, 다면적 정체성을 지닌 총체적인 인간으로서의 개인들이 일상적 관계를 맺는 삶의 장소이다. 무지개집은 같은 물리적 공간에서 서로의 정체성을 존중하고 존중받으면서 안정적인 삶을 유지해나갈 수 있다는 점에서 이전의 가족관계와도, 성소수자커뮤니티와도 다르다. 이러한 공간에서 살아가는 건 성소수자의 자기인식에 어떤 영향을 미칠까? 앞으로 이런 공간이 늘어나고 장기화되어 훗날 세대적·집단적 경험이 되었을 때, 그것이 성소수자커뮤니티와 사회 전반에 미치는 영향은 무엇일까? 무지개집은 이런 질문과 기대를 품게 하는 시작이다.

이 집 안에서는 무슨 얘기를 하고 다녀도 다 안전한 거니까. 끼를 떨어도 되고…… 이런 것들은 기대치 못했던, 생각보다 더 많은 안정감을 주는 거 같아요. 우리의 사적인 생활이 보장되면서 안정적으로 있을 수 있는 곳. 그리고 초반부터 여성 입주자들이 안전에 대한 강조를 많이 했어요. (동하)

1층 현관문을 열고 들어오는 순간 이 공간은 뭔가 안전하다는 느낌 있잖아요. 이 건물에 사는 사람들 다 알고. 내가 뭔 짓을 해도 다 상관없을 것 같고. (인디)

안전하다는 건 집이라는 장소에 기대하는 중요한 감각이다. 그렇다면 안전한 집이란 정확히 어떠한 집을 의미할까? 단순히 보안과 치안의 문제로만 해석하기에는 한계가 있다. 방범창, CCTV로 대표되는 안전은 집 안에서는 무조건 안전할 것이라는 전제하에 감시와 치안 권력을 강화하고, 집 안에서 벌어지는 폭력을 다루지 못하게 한다. 무지개집 사람들은 다양한 방식으로 '이 집이 안전하다'고 표현했는데, 이들의 이야기를 통해서 안전한 집이라는 감각이 어디에서 비롯되는지, 안전이 어떻게 실현되는지에 대한 답을 얻을 수 있다.

안전감의 시작점은 무엇보다도 개인의 정체성과 일상에 대한 온전한 인정이다. 이것이 결여된 채 추구되는 안전은 무언가를 조심하거나 어떤 행동은 하지 않는 방식으로 축소될 가능성이 크며 또한 누군가에게 보호와 감시를 위탁하게 될 가능성이 높다. 퀴어 정체성을 드러내는 것도 인정받는 것도 힘든 한국사회에서 무지개집은 있는 그대로의 자신을 거리낌

2018년과 2019년 무지개집 가족 사진.
무지개집은 살을 맞대고 밥을 나누고 잠들었다가
깨어나는 일상을 함께하는 구체적인 커뮤니티다.

없이 드러내고 일상생활을 할 수 있는 드문 공간이다. 하지만 안전하다는 감각은 정체성을 드러내고 인정받는 것만으로 느껴지지 않는다. 안전감의 핵심은 혹여나 퀴어라는 정체성 때문에 문제가 생기더라도 숨기거나 떠나는 방식이 아니라 갈등을 직면하고 해결할 수 있다는 신뢰에 있기 때문이다. 이는 재난이나 폭력의 상황에서 생존하기 위해서도 평등해야 한다고, 평등해야 안전하다고 주장해온 인권활동가들의 주장과도 일맥상통한다. 안전은 모든 위험을 예방하거나 삭제함으로써 실현되는 게 아니라는 전제하에, 어떤 조건에 있는 사람이, 어떤 정체성을 가진 사람이 차별로 인해서 구조적인 위험에 빠지는가를 주목해야 한다. 따라서 퀴어의 안전은 퀴어의 존재 인정을 넘어, 퀴어들이 재난과 불평등의 원인을 제거하고 안전을 확보하기 위한 사회적 공론장에서 얼마나 목소리를 낼 수 있는가에 달려 있다. 또한 사람들 간의 갈등이 생겼을 때 정체성으로 인해 공격받지 않고 문제 해결의 주체로 인정받을 수 있는가가 관건이 된다.

사생활 보장은 숨김이 아니라 존중으로 가능하다. 즉, 자유롭게 표현했다는 이유로 위험에 빠지지 않을 수 있어야 한다. 이를 통해서 우리가 생각할 수 있는 건 안전한 집이란 누군가의 보호나 물리적인 장치로 확보될 수 없으며, 집의 구성원들이 자유로움과 편안함을 느끼는가, 이 공간이 나의 역량을 강화한다는 느낌을 주는가와 연결된다는 것이다. 이는 뒤

집어 생각해보면 집에서 폭력이 어떻게 발생하는지도 보여준다. 가족관계에서, 특히 집 안에서 벌어지는 폭력은 정체성에 대한 부정과 관계에 대한 통제와 간섭, 능력의 무시가 원인이자 결과이다. 여성 구성원들은 특히 안전에 대해 강조했는데, 이때의 안전이란 집 안에서 신체적 자유로움이 확보되는가, 의사 결정 과정에서 실질적인 권한이 있는가와 밀접하게 연관되어 있었다.

무지개집 사람들이 무지개집에 살면서 느끼는 안전과 소속에 대한 감각은 자신이 통합적으로, 있는 그대로 받아들여지고 있다는 온전한 존중의 감각이고, 이는 집 바깥에서 성소수자로서 마주하는 삶에도 큰 영향을 준다. 이러한 온전한 존중의 감각은 무지개집이 정체성을 숨기지 않아도 되는 사적인 공간이면서도, 동시에 고립된 공간이 아니라는 점에서 기인한다.

또한 안전은 무지개집이 1인 가구를 위한 공간을 마련하도록 이끈 이유이기도 하다. 청년, 1인 가구에 대한 사회안전망 부재가 특히 성소수자에게 미치는 영향을 고민했기에 이들을 위한 공간을 설계에 반영했고, 그러한 취지에 동의하는 입주자들을 모으려고 했다. 앞서 말했듯 국가에서는 신혼부부, 청년층을 중심으로 주거복지정책을 마련하고 있다. 이러한 정책은 신혼부부 자격을 갖지 못하는 성소수자나 비혼자를 차별한다. 청년 대상 주거복지정책을 통해 성소수자가 입주한다고 해도, 그 안에서 얼마나 자유롭고 편안하게 지낼 수 있을지는 의문이 남는다. 주거정책이 반차별정책과 교차되어야 하는 이유이다.

혼자 거주해도 '함께' 살고 있는 사람들

가족구성권연구소는 2020년 전남대 인문학연구원 HK+ 가족커뮤니티 사업단과 함께 〈가족실천 및 가족상황 차별 실태조사〉를 진행했다.[*] 한국갤럽조사연구소를 통해 모집한 온라인 패널 3,000명은 자신이 수행하고 있는 가족실천, 자신이 경험했던 가족유형, 가족에 대한 인식과 차별경험에 대해 응답했다. 이 연구는 조사에 참여한 이들의 가구유형을 1인 가구, 사실혼 배우자와 동거 중이거나 애인/파트너와 비혼 동거하는 동거 가구, 법적 부부 가구, 부/모인 응답자와 그 자녀를 중심으로 구성된 부/모 가구, 자녀인 응답자와 그 부모·형제자매 등을 중심으로 구성된 자녀 가구, 혼인·혈연·친인척관계가 아닌 구성원으로만 이루어진 기타 가구 총 6가지로 분류하고 성별 차이를 고려해 이들의 가족실천 사이에 어떤 공통

---

[*]　추주희·나영정 외,《가족커뮤니티인문사회 수립을 위한 기초연구》, 전남대학교출판부, 2021.

점과 차이점이 있는가를 비교·분석했다.

가장 두드러진 공통점은 6가지 가구유형 모두 남성이 주로 생활비 마련을 담당하는 것으로 나타났다는 점이다. 그중에서도 특히 부/모 가구에 속한 남성의 비율이 가장 높았다. 여성이 주로 생활비 마련을 감당한다고 응답한 비율이 가장 높은 가구유형은 동거 가구였다. 요리, 청소, 세탁 등 가사 담당자는 모든 가구유형에서 여성이 더 많은 것으로 나타났는데 그중에서도 부/모 가구에 속한 여성이 가장 많았다. 남성이 주로 가사를 담당한다고 응답한 비율이 가장 높은 가구유형은 동거 가구였다. 이를 통해서 전통적인 성역할이 가장 흐려진 가구유형은 동거 가구라는 점을 짐작할 수 있다. 노인/환자의 돌봄이나 간병은 성별 차이가 가장 적게 드러난 가족실천이었다.

이 조사에서는 동거하지 않는 가족들과 어떻게 가족실천을 하는지도 알아보았다. 이를 위해서 '돌봄이 필요한 아동이나 노인 등과 함께 살지 않아서 가족실천에 적극적으로 참여하지 않을 것이라고 가정되는' 1인 가구와 법적 부부 가구의 가족실천 양상을 살펴보았다. 조사 결과, 1인 가구와 법적 부부 가구 모두 비동거 가족에게 경제적 지원을 하고(각각 40.3%, 43.5%), 가사를 제공하며(15.6%, 14.2%), 병간호를 수행하고 있는 것으로 나타났다(18.7%, 16.3%). 일상적으로 고민을 들어주고 이야기를 나누는 가족실천은 1인 가구가

여기는 무지개집입니다

62.9%, 법적 부부 가구가 58.1%로 나타났다. 1인 가구는 흔히 혼자 살기 때문에 가족 돌봄을 하지 않을 거라고 예상되지만 실제로는 법적 부부 가구와 비교했을 때 비슷하거나 더 많은 가족실천을 수행하고 있다. 다시 말해 혼자서 거주한다고 하더라도 비동거 가족을 돌보고 지원하면서 '함께' 살고 있는 것이다.

또한 1인 가구와 법적 부부 가구 모두 비동거 가족에게 경제적 지원을 받고(각각 28.5%, 15.9%), 가사 도움을 받으며 (22.2%, 21.9%), 병간호를 받고(28.1%, 21.5%), 일상적으로 고민을 털어놓는 등 정서적 돌봄 또한 받았다(63.4%, 58.5%). 여러 가지 도움을 받는 것의 비율은 1인 가구가 법적 부부 가구에 비해서 전반적으로 조금 높았다.

이처럼 1인 가구나 법적 부부 가구 모두 비동거 가족과도 가족실천을 하고 있다. 따라서 가족실천은 동거 가족 안에서만 수행된다거나 돌봄 등의 문제를 동거 가족 안에서 해결하는 게 바람직하다는 전제, 나아가 1인 가구는 상호 교류가 단절되어 취약하다는 식의 통념은 도전받아야 한다. 이러한 사회적 통념은 이미 다양한 가족형태로 살아가면서 각자의 생애 안에서 유동적인 관계를 경험하고 있는 사람들의 삶을 반영하지 못한다. 그뿐만 아니라 정말 필요한 사회적 지원정책이나 가족정책의 모델을 만들어가는 데도 큰 장벽으로 작용한다.

무지개집과 같은 곳은 통계상으로 어떻게 나타날까? 아

마도 1인 가구들의 집합으로만 드러날 것이다. 이들이 무지개집에서 실질적으로 맺고 있는 파트너와의 동거관계나 구성원 사이에서 일어나는 가족실천을 포착할 수 있는 사회적인 인식체계는 여전히 부재하다. 무지개집의 존재는 가족정책의 설계와 실행의 기반이 법적인 가족관계에 한정되지 않아야 함을, 실제로 서로를 돌보고 부양하는 관계들을 제도가 포착할 수 있도록 보다 폭넓은 상상력이 필요함을 주장하는 강력한 근거가 된다. 무지개집에서는 대부분의 가구유형에서 여성에게 전가되는 가사노동과 돌봄노동이 전혀 다르게 배분되는 모습도 나타난다. 이처럼 무지개집에서는 가족의 관계뿐만 아니라 노동의 의미 또한 새롭게 발견된다. 그런 점에서 무지개집은 돌봄에 대한 새로운 상상을 가능하게 하는 중요한 공간이다.

이 책에서 살펴본 것처럼 무지개집은 경제적 지원, 가사 제공, 병간호 수행, 일상적으로 고민을 들어주고 이야기를 나누는 정서적 지원 등으로 이뤄지는 가족실천이 그 어떤 집보다 활발하고 일상적으로, 또 전방위적으로 일어나는 집이다. 또한 이러한 가족실천을 공식화하고 활성화하기 위한 규칙을 만들고 모든 구성원의 참여를 독려하기 위한 회의도 진행한다. 구성원에 따라서 가족실천의 강도와 방식에 대해 다른 욕구를 가지고 있기는 하지만 그것을 조율하는 과정까지도 가족실천 안에 포함된다는 점을 일깨운다.

성소수자 나이 듦과 주거안정

최근 성소수자의 나이 듦에 관한 커뮤니티 차원의 관심과 대응이 본격적으로 시작되고 있다. 2021년 한국성적소수자문화인권센터에서 연구하고 발표한 〈성소수자 노후 인식 조사 보고서〉*에 따르면, 노후 준비가 필요하다고 생각하느냐는 질문에 대해서는 성소수자 대상 조사와 대국민 조사 모두 그렇다는 인식이 높다는 데서 큰 차이가 없었지만, 노후 준비를 위해 필요한 정책이 무엇이냐는 질문에 대해서는 확연한 차이가 있는 것으로 드러났다. 성소수자 조사에서는 82.3%라는 압도적인 비율이 주거안정을 꼽은 반면, 대국민 조사에서는 돌봄을 포함한 건강 관련 문제가 69.7%로 1위였으며 주거 문제는 46.9%로 4위에 머물렀다.

사회적인 억압과 차별이 무겁고, 존재에 대한 부정과 혐오가 강한 사회는 성소수자들이 있는 그대로의 자신으로 살아가지 못하도록 부당한 장벽을 만든다. 사회적 장벽에 가로막혀 사회에서 보이지 않는 존재로 패싱하거나 숨기며 고립된 채 살아가게 되므로 삶의 시간성 맥락에서 퀴어는 현재뿐만 아니라 어떤 모습과 어떤 삶으로 나이 들어갈지에 대한 상

---

* 이 자료는 다음의 링크에서 볼 수 있다. http://kscrc.org/xe/board_hWwy34/19728

상을 의미 있는 수준으로 축적하기도 쉽지 않다. 정체성을 쉽게 가시화하지 못하는 현실에서는 삶의 방향과 방법을 안내하거나 보여주는, 부표 역할을 하거나 롤모델로 여겨질 만한 사람을 만나기도 어렵기 때문이다.

그러나 무지개집은 다양한 연령대의 퀴어들이 함께 모여 사는 곳으로, 이곳에서는 조금씩 앞서 살았던 세대의 고민과 경험을 전해 듣기도 하고, 현재의 사회적 실재를 고스란히 직접 보고 듣고, 현실을 함께 공유하면서 차이를 가진 세대들이 자연스럽게 서로를 확인한다.

내가 어떤 사람으로 늙어가느냐에 대해서 여러 가지 요소가 있겠지만, 뭔가 약간, 어쨌든 성소수자이기 때문에 약간 특수함이 있고, 그게 이제 흔하지 않고, 거기에 좀 특화된 고민이 있을 텐데…… 다양한 나이가 같이 사는 건 되게 좋은 것 같아요. 특히 나보다 조금 더 나이 많은 형이 옆에 있고, [그 삶을] 먼저 볼 수 있잖아요. (백팩)

좋은 게, 젊은 커플이나 젊은 친구들한테서 배우는 것도 생기니까. …… 내 또래 친구들하고만 만나면 늘 똑같은 것만 볼 텐데. 새로운 사람들과 만나서 새로운 아이디어나 새로운 생각이나 가치관, 이런 것도 보고…… 받아들이지 않을 수는 있겠으나 어쨌든 많이 접하면서 익숙해지고, 일정 부

분 내가 받아들이는 것도 생기는 것 같고. (코러스보이)

'혼자 살기'와 '함께 살기'를 한꺼번에 제시하는 공동주택으로서 다양한 세대가 살아가는 무지개집은 사회적 벽에 갇혀 고립적인 생활을 해야 하는 퀴어에게 삶의 장소를 공동체로 확장하고, 특정하게 구획된 시간대에 분절되어 나타나거나 보이지 않았던 삶을 연속적인 시간성의 맥락으로 펼쳐내는 주거방안이다. 무지개집 사람들의 이야기에는 성소수자들이 노후 준비에 필요하다고 꼽는 주거안정의 문제가 단지 집을 소유하는 방식의 안정을 이루는 데 한정되지만은 않는다는 사실이 엿보인다.

또한 퀴어의 '세대 간 차이'라는 문제는 단순하게 나이 든 사람과 젊은 사람 간의 의식과 가치관, 경험 등의 차이를 좁히는 문제만은 아니다. 세대가 어우러져 산다는 건 '성장과 성숙, 나이 듦'이라는 미래의 삶을 상상할 때 해상도를 높이는 일이기도 하다. 함께 살아가는 나이 든 성소수자가 있다는 것과 '한 식구'가 된 구성원 각각의 삶의 궤적들이 보여주는 입체적인 교차점을 목격하고 이해함으로써 무지개집 사람들은 자연스럽게 자신의 나이 듦을 상상한다. 이 집으로부터 시작된 나이 듦에 대한 상상은 또 다른 형식과 토대를 가진 삶으로 향하는 연결점을 중요한 디딤돌처럼 놓는다. 나이 든 성소수자가 살아간다는 것에 대해서 함께 살아가는 사람으로서 느

2020년 무지개집 가족 사진.
이 집으로부터 시작된 나이 듦에 대한 상상은
또 다른 형식과 토대를 가진 삶으로 향하는
연결점을 중요한 디딤돌처럼 놓는다.

끼고 자신의 나이 듦을 체감하기도 하는 공간인 무지개집에서는 세대 간의 관계뿐만 아니라 지금의 나와 미래의 나 사이의 관계 또한 만들어지고 있다.

'어떤 사람으로 늙어가고 싶다' 이런 꿈도 조금 생각할 기회가 더 많아지는 것 같아요. [사회에서는] 게이가 아닌 사람들이 늙어가는 걸 보잖아요. 게이들은 지금까지는 나이가 들면 커뮤니티에서 많이 사라지셨어요. 잘 안 나오시더라고요. (동하)

사라지지 않도록 하기 위한 가장 강력한 방식인 같이 살기가 무지개집에서 일어나고 있다. 무지개집 사람들의 나이 듦에 대한 상상은 대부분 무지개집이라는 장소에 대한 상상에서부터 시작되지만 혹여 장소가 바뀐다 하더라도 무지개집 사람들과 함께하는 모습으로 자연스럽게 그려지고 있다. 설령 무지개집과 무지개집 사람들이 아닌 다른 그 누군가와 함께하게 될지라도 미래의 청사진은 상당히 구체적으로 그려지는 것처럼 보인다. 현재의 무지개집에서 서로 나누고 경험하는 돌봄과 관계는 "오랫동안 무지개집에서 함께 살고 싶다"는 바람으로 이어지고 있고, 이러한 바람은 실제로 좀 더 나이가 들었을 때도 서로가 어떻게 돌봄을 주고받으며 살아갈 수 있을지에 대한 고민으로도 이어지는 중이다.

소유의 방식을 고민하는 이유

협동조합이란 공동의 목적을 가진 5인 이상의 구성원이 모여 조직한 사업체로서 재화 또는 용역의 구매·생산·판매 등을 공동으로 영위하면서 조합원의 권익을 향상하고 지역사회에 공헌하는 조직이다. 주택협동조합은 개인의 소유가 아닌 사회적으로 주택을 소유하며 이를 통한 주거안정을 목적으로 한다. 척박한 한국에도 주택협동조합이 존재한다는 건 반가운 소식이다. 무지개집이 함께한 함께주택협동조합은 주택협동조합이 토지와 건물을 소유하는 방식인데, 이 외에도 주택협동조합에는 조합원 개인이 토지와 건물을 소유하는 하우징쿱주택협동조합, 민간이 임차하여 운영하는 민달팽이주택협동조합, 공공이 토지와 건물을 소유하는 이웃기웃주거협동조합 등이 있다. 과천시씨알주택협동조합과 같이 강제 퇴거에 맞서기 위해 조합을 설립한 경우도 있다.

무지개집을 설명할 때 빼놓을 수 없는 것도 이 집이 함께주택협동조합의 주택이라는 점이다. 무지개집이라는 유형의 자산은 협동조합의 자산이고, 무지개집 구성원들은 협동조합의 조합원이다. 자산이 있는 몇몇 퀴어커플이 모여서 땅을 구입하고 집을 짓는 방식을 일부러 배제했다는 점을 알려주는 대목이다. 이러한 특징은 무지개집의 설계 단계부터 함께했던 초기 멤버와 나중에 입주한 멤버들 사이의 인식 차를 만들어내기도 했다. 주택협동조합에 가입하고 자산을 조합에 귀속하겠다는 초기의 결의에 함께하지 못했던 사람들은 사후에 조합원 정체성을 가지게 되었는데, 뒤늦게 합류한 이들과 초기 멤버 사이에 무지개집이라는 자산과 이곳을 짓기 위해 마련한 빚에 대한 인식이 다를 수밖에 없었던 것이다.

한편, 조합원이라는 정체성은 무지개집만의 독특한 문화를 드러내기도 한다. 협동조합 총회에 다 함께 참석하려고 하는 과정에서 뒤늦게 합류한 1인 가구들이 조합원으로 등록되어 있지 않아 의결권을 갖지 못하는 상황을 마주한 적이 있는데, 무지개집 사람들은 출자에 참여하지 않은 1인 가구 또한 평등한 구성원으로서 집의 주인이길 바랐기 때문에 당연히 조합원이 되어야 한다고 판단했다. 함께주택 1호의 경우에는 세대별로 1명만 가입하면 가족 모두가 조합원 자격을 자동으로 취득했지만, 무지개집 커플 가구의 경우에는 파트너가 자동으로 등록되지 않았다는 점도 뒤늦게 확인하게 되었다. 협동조합 사무국에서 이런 점을 간과했던 것은 무지개집의 독특함을 제대로 인지하지 못한 결과이기도 할 것이다.

주택협동조합에 가입하고 출자해서 주택을 짓는 사람들은 보통 육아공동체를 지향하는 이성애 핵가족인 경우가 많다. 그러다 보니 공동주택에 대한 인식에서도 무지개집은 다른 지점들이 있었다. 일례로 무지개집의 1인 가구들이 모여사는 2층에는 한 층에 다양한 성적 지향과 성별정체성을 가진 이들이 모여 있다. 이에 따라 무지개집의 화장실은 모두 성중립 화장실이다. 무지개집 사람들에겐 이렇게 함께 섞여서 살아가는 게 안전한 삶이고, 구체적으로는 화장실의 청결을 위해서 모두가 '앉아 쏴'를 지킨다. 함께주택협동조합은 기존 이성애 핵가족 중심인 주택협동조합의 문화를 바꾸기 위해 함께주택 1호를 1인 가구들의 공동주택으로 만드는 등 무지개집과 비슷한 문제의식을 가지고 있었다. 이렇듯 무지개집이 만들어짐으로써 이성애 핵가족 중심적인 주택협동조합의 문화는 도전을 받게 되고, 무지개집 사람들도 조합원 정체성과 퀴어 정체성 사이를 어떻게 연결해야 하는지를 고민하게 되면서 이전과 다른 정체성을 경험하게 된다. 이는 소수자가 자신을 드러내고 사회에 참여함으로써 주류가 변화되고 변형된다는 측면을 떠올리게 한다.

주거안정의 의미

조합원이라는 정체성은 무지개집 사람들이 협동조합과 관계 맺을 때만 부각되는 것은 아니다. 킴은 애인이 무지개집에 입주하면서 자주 방문했고, 결국 무지개집 구성원으로서 함께 살게 되었다. 다른 구성원들이 킴에게 누구의 애인이 아니라 "조합원으로서 함께 살자"고 했던 이야기는 그 어떤 제안보다 확실한 약속이었다. 조합원으로서 같이 산다는 것은, 만일 애인과 헤어지더라도 이 집의 구성원으로 남을 수 있다는 걸 의미하기 때문이다. 법적으로 인정되지 않는 퀴어들의 친밀한 관계가 해소되었을 때 그들이 공유했던 삶의 토대는 해체될 위기에 처하고, 그러한 해체는 어떤 경우 삶의 위기로까지 이어지기도 한다. 커플이면서도 각자는 독립적인 이 집의 구성원이라는 것, 조합원이라는 정체성은 비교적 취약한 퀴어들의 관계를 받쳐주는 일종의 사회적인 안전망으로도 작용했다.

입주자 개개인의 상황을 고려하는 주거비용 책정과 1인 가구가 모인 2층의 보증금이 상대적으로 더 적게 책정된 것은 매우 실용적인 입주 조건이기도 했다. 이러한 조건을 지키기 위해서 무지개집은 지켜야 하는 가치와 원칙이 무엇인지를 계속해서 질문했으며, 층과 평수, 보증금의 차이가 입주자들이 혹시라도 느낄지 모를 격차로 이어지지 않도록 나름의 문화를 형성해왔다. 2층 입주자들에게는 상대적으로 적은 출자금을 부담한다는 게 일종의 배려로 느껴지기도 했을 테지만, 그것이 미안함이나 고마움의 이유가 되지는 않도록 내부의 원칙을 만들고 지켜왔던 것이다. 평당 가격을 매기는 게 아니라 해당 입주자의 경제적 상황을 반영하여 적절한 비용을 합의하고 조율하는 방식을 선택한 건 무지개집이 가장 무지개집답게 지속 가능성을 찾아가는 방법이었다. 성소수자가 성소수자로서 생존하는, 퀴어한 생존을 위한 돌봄은 그렇게 집을 짓고 그 집이 유지될 수 있도록 지속적으로 비용을 감당하는 일에서부터 시작되었다.

'가족을 이루지 못해서 외롭고 불행하게 늙어갈 것이며 결국은 혼자 죽을 것이다.' 성소수자의 삶을 '반대'한다는 세상의 말은 늘상 그런 '걱정'을 늘어놓는다. 한국사회에서 가족과 직장에 소속되지 못한 자들은 죽어서도 빈소가 차려지지 않고 화환이 오지 않는다. 제사상이 차려지지 않고 애도와 기억이 불인정된다. 앞서와 같은 말은 사실 걱정이 아니라 차별을 정당화하는 말이다. 사실의 진술도 아닐뿐더러 '정상성'에서 이탈하여 자유로움을 느끼는 이들에게서 사회적 소속감을 박탈하고자 하는 의지를 담고 있기 때문이다. 무지개집 사람들은 자유를 쟁취하면서도 서로가 파편화되지 않는 새로운 소속을 만들어냈다. 정체성과 관계와 정주의 측면에서 성소수자가 안정될 수 있도록 하는 여러 방법을 상상하고 실현했다. 또한 제도가 보장하지 않더라도 나름의 관계성을 형성하고 서로를 보호하는 가족실천을 계속해나갔다. 이를 통해 추측해본다면, 성소수자의 주거안정은 소속감과 자유를 확대할 때 가능해진다고 할 수 있을 것이다. 나의 존재와 관계가 인정되고 오롯이 기억되는 장소로서의 집, 무지개집은 그러한 집의 실현이 가능하다고 생생히 증명하고 있다.

누구와 함께 살고 싶습니까?

무지개집 사람들을 만나 인터뷰하고 정리하는 과정에서 기억에 남는 말 중 하나는 '집은 생물이라서 계속 변화한다'는 것이었다. 처음 들었을 때는 자신이 설계한 건축물이 너무 소중해서 인격과 생명을 부여하기에 이른 연륜 높은 건축가에게서 들을 법한 이야기 같다는 생각이 들었고, 시간이 흐르면서는 건축물에 인격과 생명이 부여되는 과정이 어떻게 일어나게 되는지 궁금해졌다. 누구에 의해서 왜 지어졌는지, 누구에게 어떤 방식으로 소유권이 주어져 있는지, 살고 있는 사람들의 관계는 어떻게 만들어지고 유지되는지, 어떤 감정과 열망이 그 집을 계속 유지하게 하는지가 집의 '생물성'을 만드는 것 같다는 생각도 들었다.

무지개집살이가 시작된 건 2016년, 거주자들과의 인터뷰를 기록한 건 2017년, 지금은 그로부터도 훌쩍 시간이 지나 어느덧 2022년이 되었다. 해가 지나는 동안 인터뷰에 참여한 15명 중 8명은 무지개집을 떠나 새로운 곳에 둥지를 틀었다. 새로 맞이한 7명의 입주자들은 다시 4명으로 줄어 지금은 총 11명의 거주자가 무지개집에 살고 있다. 남자가한밤은 무지개집 건너편 건물로 자리를 옮겨 운영하다 문을 닫았고, 남자가한밤이 사용하던 1층 임대공간은 젊은 퀴어 사진가들의 모임인 '리오이'의 작업실로 사용되고 있다. 리오이 멤버 중 한 사람은 무지개집의 새로운 입주자가 되었다.

　무지개집은 공실이 생길 때마다 함께주택 사무국 홈페이지나 SNS를 통해 입주자 모집 공고를 냈다. 그 공고를 보고 실제 집을 보러 온 사람도 적지 않았다. 하지만 그런 경로로 입주한 사람은 단 한 사람도 없었다. 새롭게 정착한 거주자들은 모두 어떤 방식으로든 무지개집의 기존 거주자들이 드나드는 퀴어커뮤니티에 속한 사람들이었다. 이는 무지개집에 살겠다는 결정이 저렴한 사용료나 방의 크기 등 실용적인 목적만으로 이뤄지지 않는다는 사실을 보여준다. 기존 거주자들과의 친밀감, 신뢰감 등을 어느 정도 가늠할 수 있는 반경 안에 있던 이들에게만 무지개집살이는 고려해봄 직한 것이었다.

　퀴어 친밀성, 연대감을 기반으로 만들어진 무지개집의 특수한 맥락과 역사는 무지개집의 지속 가능성과 대안적 공동체 모델로서의 확산 가능성을 질문할 때 고려해야 할 중요한 요소일 것이다. 청년 공동체주택이 늘어나고 있는 가운데, 몇 년 전 서울의 공동체주택들에서는 다른 공동체를 탐방하기 위한 목적으로 무지개집을 방문하여 인터뷰를 진행했다. 그 과정에서 발견된 무지개집과 다른 주거공동체의 가장 큰 차이점은 공동체주택이라는 플랫폼이 선행하고 운영기관에 의해 입주자가 모집된 다른 집과는 달리, 무지개집은 애초에 거주자들의 요구와 의지에서부터 출발했다는 점이었다. 함께 주택협동조합 또한 단순한 주택운영기관에 머물지 않고 대출 상환, 각종 수리·보수, 입주자 모집 등에 관련한 의사 결정을 함께해왔다. 무지개집 사람들은 '집에서도 일하는 것 같다'는 피로감을 호소하기도 하지만, 그럼에도 불구하고 무지개집이 지속되고 있는 건 이 집이 공동의 프로젝트로 시작되고 유지되었다는 특수한 맥락 속에 있기 때문일 것이다.

지난 2년여간의 코로나19 팬데믹 시기를 무지개집 또한 겪었다. 비대면 회의 등 접촉이 최소화되는 상황이 낯설었지만 서로의 백신 접종을 챙겨주고, 곳곳에 손 소독제를 비치하거나 필요할 때 쓰라며 1층에 마스크를 쌓아놓는 등 함께 이 시기를 버텨왔다. 확진된 몇몇 거주자들은 생활치료센터에 입소했고, 3층 코러스보이·철호네는 방 하나와 화장실을 생활치료센터 입소 대기자나 확진자, 밀접 접촉자가 격리할 수 있는 공간으로 내주기도 했다. 코러스보이는 종종 출근 전 아침마다 자가격리를 하는 이웃의 방 앞에 식사를 챙겨두고 가기도 했다.

무지개집이 대안적 공동체 모델이 될 수 있을지를 다시 질문해본다. 무지개집이 공동체살이의 모범 답안이라고 할 수는 없으며 여전히 진행 중인 프로젝트이지만, '싸니까 복지다'가 아닌, 관계망과 친밀성, 돌봄이라는 '복지'가 존재하는 곳이자 그것이 강점인 공동체인 것만은 분명해 보인다. 이러한 '사적인 복지'는 종종 대안적 돌봄과 교류를 촉진하고자 하는 공동체주택정책을 통해 국내외에서 시도되고 있다. 고령자 가구와 영유아를 양육하는 가구가 어울려 살면서 상호 돌봄을 주고받는 공동체주택 모델인 세대 공존형 주택, 노인과 청년이 어울려 살면서 세대 간 소통과 돌봄을 촉진하고자 하는 공동체주택 모델인 세대 교류형 주택 등의 구상은 실제 사회 실험을 거쳐 그 장점과 가능성을 타진해보아야 할 것이지만, 사회시스템 정비가 선행되어야 할 노인 돌봄과 양육의 문제를 사적인 관계망으로 해소하고자 하는 성급함을 조심스레 엿보게 된다. '교류'와 '공존'을 전제로 낯선 사람들을 한데 엮어놓기만 하면 관계망과 친밀성이 만들어지고 자연스레 돌봄이 이루어질 것이라는 상상은 다소 낭만적이다. 애초에 그것이 가능하다면 현존하는 수많은 아파트 단지는 왜 공존과 교류의 공간이 되지 못하고 있을까.

이 지점에서 우리는 '누구와 함께 살고 싶은지'를 묻지 않는 주거정책의 문제를 먼저 이야기해야 한다. 공공임대, 전세 (매입)임대, 사회주택 등 각종 주거지원정책은 직계가족, 형제자매만을 동거인으로 인정한다. 친족관계가 아닌 사람들은 '1인 가구'로서 임대주택을 신청할 수밖에 없으며, 딱 1인 가구가 살 만하다고 여겨지는 크기의 주택을 할당받는다. 함께 살고 있었던, 또는 함께 살고 싶은 사람이 있더라도 혈연관계나 법적 부부가 아니라면 함께 거주하는 것은 금지된 셈이다. 아이러니한 것은, 다른 한편에서는 1인 가구의 '사회적 고립을 해소'하겠다며 공유형 임대주택을 제공하고 있다는 사실이다. 이 같은 제도화된 공유주택은 시민들에게 먼저 1인 가구가 될 것을 요구하고, 전혀 알지 못하는 타인과 친밀성과 돌봄을 주고받을 것을 기대한다.

무지개집은 무엇보다도 '누구와 함께 살고 싶습니까?'를 먼저 묻는 집이다. '함께 살아가봄 직한 사람들'을 향한 관계적 소망을 주거를 통해 현실화한 곳이기 때문이다. 무지개집에서 사적인 복지가 가능하다면, 무지개집이 대안적 공동체 모델이 될 수 있다면 바로 이 부분에 주목해야 할 것이다. 이는 주거·주택 모델의 차원뿐 아니라, 시민들의 다양한 가족·공동체 실천을 사회적으로 얼마나 인정하고 받아들일 것인가의 차원과도 긴밀히 연결되어 있다.

무지개집의 지속 가능성을 좌우하는 한 축은 함께주택 협동조합의 움직임에 있다. 함께주택협동조합은 토지 공공성 확대와 사회주택 공급을 통해 시민의 주거불안 문제를 해결하고자 노력하고 있지만, 현재까지 5채의 주택을 건립하고 운영해오면서 부딪힌 제도적 장벽들이 만만찮다. 협동조합의 주택공급 사업은 주택임대차보호법, 부동산 및 금융정책, 조세제도, 주택공사의 토지임대부 사회주택정책 등의 제약 안에서 추진될 수밖에 없기 때문이다.

제도와의 마찰은 함께주택협동조합에 끝나지 않는 숙제를 안겨주고 있다. 집값 폭등에 대응하고자 다주택자의 세금 부담을 늘리기 위한 목적으로 2020년에 발표된 7·10 부동산 대책이 투기꾼을 잡고자 하는 애초의 취지를 벗어나 사회주택을 운영하는 다수의 곳들에게도 영향을 미치고 있다. 이 개정안에 따라 2021년부터 다수의 사회주택을 운영하는 곳들은 임대사업법인으로 분류되어 연간 1,000~2,000만 원의 종합부동산세를 내야 하는 상황에 직면했다. 영리를 추구하는 보통의 임대사업자라면 임대료를 인상해 증가한 세금을 충당하겠지만, 비영리로 운영되는 함께주택협동조합의 경우에는 종합부동산세 부과 때문에 사용료를 높인다고 하더라도 결과적으로 높아지는 주거비용은 '개인의 주거불안을 사회적으로 해소한다'는 본래의 취지에 반하는 일이 될 수밖에 없다.

다행히 전세반환금보증보험에 가입하면 세금 부과 대상에서 제외될 수 있다고 하여 가입을 서둘렀지만, 그 과정에서도 무지개집 2층 같은 셰어하우스는 가입할 수 없다며 거절당하는 일이 있었다. 2020년 9월부터 셰어하우스도 보증보험에 가입할 수 있도록 법이 개정되었음에도 현장 실무에서의 반영은 더뎠던 것이다. 이 때문에 함께주택협동조합은 정책적 시야에서 쉽게 누락될 수 있는 사회주택을 가시화하고 불합리한 행정처분의 개선을 요구하는 등 여기저기 뛰어다니고 있다.

또 하나의 문제는 주택협동조합에 장기간 낮은 이율로 대출을 제공하는 기관이 거의 없다는 것이다. 은행들도 사회주택 사업자에 적절한 수준의 대출을 제공하지 않는다. 수익성이 높은 매각차익으로 건설비용을 해결하지 않고 임대수익으로 해결하고자 하는 사회주택 사업자의 사업 구조는 '재정건전성이 좋지 않은 작은 건설 회사'라는 평가의 근거가 될 뿐이다.[*] 그래서 함께주택협동조합은 여타의 사회주택단체와 함께 사회주택에 대한 국가의 금융지원 강화를 요구하는 동시에, 장기간의 대출기간을 기다려줄 '인내자본'의 필요성을 이야기해왔다. 그러나 3~4년에 한 번씩 각 주택의 대출만기가 돌아오는 현실에서 정책이 변화하기만을 기다리고 있기는 어려운 실정이다. 이에 따라 조합은 우선 사회주택의 취지에 공감하는 사람들을 모아 자체적으로 인내자본을 조성하려는 노력을 하고 있다.

---

[*] 문진수, 〈대선 주자도 모르는 부동산문제 해결법〉, 《한겨레》, 2022.2.25.

인내자본은 꽤나 낯선 말이지만, 무지개집 안에서도 소소하게나마 실현된 적이 있었다. 무지개집 각호 화장실의 대대적 보수를 위해 약 600만 원의 비용이 필요했는데, 대부분을 조합원들이 십시일반으로 조금씩 모아 마련한 뒤 이를 무지개집 사용료 수입 중 일부로 천천히 메꿔나간 것이다. 거주자들 또한 일정 금액을 각출하여 보탰고 결과적으로 화장실 수리로 인한 사용료 인상은 없었다. 이렇듯 인내자본은 대출 상환 기간을 통상적인 재정 운영 속도에 맞춤으로써 거주자들의 주거안정성을 흔들지 않는 걸 목적으로 한다.

대출금을 얼마나 어떻게 갚는 게 좋을지에 관한 안건이 올라올 때면 무지개집 사람들은 그 피로감에 "이 집 팔아버리자"는 말을 내뱉곤 했다. 망원동 땅값이 많이 올랐으니 달콤한 유혹이 될 법도 하다. 그러나 '자산이 되어버린 집'에 저항하는 함께주택협동조합에서 그런 방식은 절대로 선택할 수 없을뿐더러, 만일 매각한다고 하더라도 그 시세 차익이 거주자들의 것이 될 수도 없는 구조는 이 집이 지속될 수 있도록 하는 안전장치가 된다.

주택협동조합을 통해서 집을 짓고, 계약하고, 살아가는 건 여전히 매우 소수만이 선택하는 방식이다. 서로 다른 생애와 여건을 가진 10여 명의 사람들이 '퀴어'라는 하나의 키워드를 공유하며 진짜로 함께 살기로 한 것 또한 매우 드문 선택일 것이다. 무지개집 사람들은 현재 이곳에 사는 이들뿐만 아니라 미래의 퀴어 거주자들을 위한 복지로서도 무지개집이 계속되어야 한다는 걸 알고 있다. 경제위기가 반복되지만 서울의 집값은 잡힐 줄 모르고, 성소수자들이 점점 더 많은 목소리를 내고 인권운동을 지속하는데도 차별과 혐오의 문제가 당장 해결되기는 어려워 보인다. 한국사회에서 성소수자들이 사회적으로 집단적인 목소리를 낸 지 30년이 가까워지고 있는 시점에서, 나이 듦의 문제는 점점 더 피할 수 없는 주제가 되고 있다. 어떻게 서로 돌보고 함께 살아갈 것인가에 대한 고민은 앞으로 더욱 본격화될 것이다.

무지개집 이야기는 사회적으로 차별과 배제를 경험해온 이들이 어떻게 자력화의 수단으로 주택협동조합을 통해 집을 짓고 함께 살아가는가에 대한 발자취를 남기고 있다. 아마도 무지개집은 마치 생물처럼 진화하고 변화할 것이고, 거주자들의 바람을 따라 무지개집 2호, 3호로 확장될 수도 있을 것이다. 무지개집의 이야기가 지속되기를, 또한 무지개집의 나이 듦을 함께 지켜보고 지켜주는 이들을 통해 그 의미가 끊임없이 해석되고 연구되기를 기대해본다. 무엇보다 한국사회의 주거문제에 가로막혀 '누구와 함께 살고 싶은가'라는 질문에 답하기를 멈출 수밖에 없었던 많은 사람이 자신의 소망을 되살려 여기저기 부딪히고 돌파하면서, 다양한 삶의 모습만큼이나 다양한 시도들을 계속해나가기를 바란다.

감사의 말

이 책이 나오기까지 너무나 오랜 시간이 걸렸다. 가족구성권 연구소가 만난 사람들의 이야기를 어떻게 읽어내고 풀어낼지에 대한 고민이 많았다. 그렇다 하더라도, 이렇게 오래 걸릴 일은 아니었을 것이다. 5년 전 만난 무지개집과 지금의 무지개집은 또 다를 것이고 거주자들 또한 많이 바뀌었다. 그럼에도 불구하고 우리는 5년 전 처음으로 시작된 무지개집의 모습과 그 의미를 더 많은 사람에게 전해야 한다는 데 느낀 책임과 사명을 잊은 적이 없다. 인터뷰에 참여해준 그때의 무지개집 사람들에게 미안함과 감사함을 동시에 표하고 싶다.

이 책의 작업은 5년간 여러 사람의 노력이 켜켜이 쌓이며 진행되었다. 가족구성권연구소 김순남, 김영란, 김현경, 김호수, 나영정, 박서연, 성정숙, 유화정, 이종걸, 정현희, 최은

경, 한가람은 무지개집 사람들 15명 각각의 이야기를 듣고 정리했다. 김순남, 김현경, 나영정, 박서연, 성정숙, 유화정, 이종걸은 자료 분석과 초고 작업을 맡았다. 이 작업을 밑거름 삼아 김현경(1장, 2장), 나영정(들어가며, 4장, 6장), 정현희(3장, 5장, 나가며)가 마지막까지 원고를 편집했다. 가족구성권연구소의 김원정, 김소형, 나기, 장서연의 조언과 지원도 빠뜨릴 수 없다.

잊을 만하면 원고를 검토해달라는 가족구성권연구소의 요청에 변함없이 응해준 무지개집 인터뷰이들에게 감사하다. 원고를 읽고 매번 진심 어린 피드백을 해준 코러스보이에게 특별한 감사를 전한다. 무지개집의 감초인 고양이들 구월, 온돌, 어진, 첫눈, 하영에 대한 감사도 빠질 수 없다. 무지개집 건물 안팎의 모습과 생활상을 속속들이 세상에 내보이는 데 동의해준 현재 무지개집 거주자들에게도 감사를 전한다. 사진 제공에 협조해주신 함께주택협동조합과 무지개집이 세상에 모습을 드러낼 수 있도록 애써주신 박종숙 전 이사장님께도 감사와 존경을 보낸다. 마지막으로, 이 책의 출발을 가능케 해준 임세현 편집자, 그리고 이 책이 정말로 세상에 나올 수 있도록 마지막까지 애써준 한의영 편집자에게 진심으로 감사한 마음을 전한다.

여기는 무지개집입니다

초판 1쇄 펴낸날   2022년 11월 11일

기획   가족구성권연구소
펴낸이   박재영
편집   이정신·임세현·한의영
마케팅   신연경
디자인   조하늘
제작   제이오
펴낸곳   도서출판 오월의봄
주소   경기도 파주시 회동길 363-15 201호
등록   제406-2010-000111호
전화   070-7704-5240
팩스   0505-300-0518
이메일   maybook05@naver.com
트위터   @oohbom
블로그   blog.naver.com/maybook05
페이스북   facebook.com/maybook05
인스타그램   instagram.com/maybooks_05

ISBN   979-11-6873-040-3 03330

만든 사람들
책임편집   한의영
디자인   조하늘